Realistic Illustrations in Japan 2

Graphic-sha Publishing Co., Ltd.

Realistic Illustrations in Japan 2

ISBN4-7661-0410-2

First Edition 1987

Graphic-sha Publishing Co., Ltd.
1-9-12 Kudan-kita Chiyoda-ku
Tokyo 102 Japan
Phone 03-263-4310
Fax 03-263-5297
Telex J29877 Graphic

Printed in Japan by Kinmei Printing Co., Ltd.

ザ・リアル・イラストレーション 2

Realistic Illustrations In Japan 2

グラフィック社

はじめに

エアブラシを使って，本物そっくりに描く超精密イラストレーションが，驚きの眼をもって迎えられ，一種のブームのように，雑誌や広告，ポスターをにぎわしたのは，ついこの間のことでした。現在では，さすがに以前ほどの熱気はみられなくなりましたが，しかし，低調というのではありません。今回の選集でもみられるとおり，ベテランは力強く健在ですし，幾人かの力のある若い作家も育っています。そして，描く対象も多様になってきました。写実的、あるいは超写実的イラストレーションは，さまざまの媒体に浸透するにつれ，内容的にもその裾野を広げ，イラストのひとつのジャンルとして定着してきたことは，疑い得ないことだと思います。
しかしながら，イラストレーションは，広告や出版で使用される，つまりデザイナーや編集者から，一定のコンセプトに基づいて注文を受けることから始まるわけで，その仕事は，多かれ少なかれ，時代の流れや好みに左右されざるを得ません。そうした変化する情況をどう考えるべきか，自分のスタイルを堅持するのが正しいのか，それとも新しいスタイルに移っていくべきなのか，ということは，ヴィジュアル・コミュニケーションの一要素として，常に有効であり続けなければならないイラストレーションには，極めて重要な問題だと思います。ここに収録された数多くの作品は，それぞれ，単にその技巧的成果を誇るだけにとどまれない問題を抱えているものと思います。
それは，とりもなおさず個としての問題，すなわち，高度のテクニックを駆使したリアルな作品が社会に認められ晴れやかに受け入れられた時期から，今は，作家個々が，この一般化した情況に如何に対応するかを，自己のレベルに降して考えるべきときにきている，といえるのではないかと思うのです。そしてこのことはまさに，アーティストとしての本質にかかわる問題でもあると思います。
イラストレーションの他のジャンルと比べると，写実的なイラストレーションは，本来，息の長い安定度の高いジャンルです。また，日本人独特の繊細な感性と手の器用さを駆使した技巧の高さは，世界のトップ・レベルにあるといって過言ではありません。その層の厚さについても，同様のことがいえるでしょう。この選集を編集しながら感じた最大の喜びは，何よりも，リアルに描くことを愛する人たちがここにいる，という単純な事実でしたが，同時に，この多くの力ある作家たちが，新しい情況に向かって，たじろがない作家魂をみせ，日本の“リアル・イラストレーション”をさらに発展させていく有様を想像したものです。それは，例えば“職人魂”的であってもかまわない。そこに，熱く激しい“写実家魂”をみたいと思いました。思えば，真の写実とは何か，ということ，作品のもつ真のリアリティとは何か，ということを考えるのに，写実派のイラストレーターは，最も厳しく，あるいは“最も好都合な場”にいるわけですから……。
この本は，第1集「精密イラストレーションの世界」(1981)，第2集「ザ・リアル・イラストレーション」(1984) に続く第3集として，前回を上回る130名ものイラストレーターの方々に御参加いただくことができました。質的にも，前回にひけをとらないものと考えます。願くば，今後とも才能や個性が，形態としての写実性を越えて，内容的にも常に新鮮な挑戦と発展をみせ，さまざまの媒体を飾ってくれるよう祈りたいものです。最後に，この集に心よく御参加，御協力いただいたイラストレーターの皆様に，心からの御礼を申し上げたく思います。

編集部

Introduction

It was only yesterday that every graphic magazine and ad poster contained super-detailed, ultra-lifelike airbrush illustrations that leaped out and astonished the eye. Today this vogue has subsided somewhat, although it is far from disappearing. In this edition, as in the past, veteran talents look as vigorous as ever, and innumerable new artists are following fast on their heels. Their subjects have grown diverse, and the absorption of various mediums has influenced the content of their realistic and super-realistic illustrations. In a sense they have come back to earth, and taken their place as a genre in the world of illustration.

But illustration work done specifically for advertizing or publication, work requested by editors and designers, with set guidelines and stipulations, cannot freely pursue the tastes and trends of the times. Against these conditions decisions about personal style, for instance whether to strengthen individual pursuits, or to move onto something new, are vital and extremely difficult ones. The continued effectiveness of visual communication is essential. The illustrations selected for this book are all works which go beyond mere technical proficiency—works which contain something extra.

Still, the fact remains that the public, which once so spontaneously accepted the highly technical illustration, has now left the realistic artist with a problem; namely, what to do about personal expression now that the sales situation has returned to normal. The time has come for every artist to consider and realize where he himself stands, it seems. And this is a question which each must answer according to his own unique character as an artist.

As a genre of illustration, realistic art will probably hold its own for quite some time. Moreover, it is no overstatement to assert that Japanese illustrators will remain among the top in the world, considering their manual dexterity, sensitivity to fineness, and determination in pursuing skills. Nor is it to be expected that their ranks will diminish. In selecting the artists for this edition it was a pleasure to discover that these artists, who so love to do realistic work, are facing up to the new situation with undiminished spirit and imagination. It may be said that this is artisian spirit, and really it makes no difference. But it would be better to recognize it as the fierce, burning "realist" spirit. To illustrate realistically? To realize an illustration? In truth, the challenge remains the same.

Following "Technical and Realistic Illustrations of Japan" (1981) and "Realistic Illustrations in Japan" (1984) this third edition presents one hundred and thirty illustrators, the greatest number yet. The quality of works is in no way surpassed by past editions. It appears that the challenge to go beyond realism, to discover and exhibit and address stimulating works in ever more varied mediums, will continue to be eagerly met. And success in this endeavour is sincerely wished for. Thanks are due to all the illustrators who graciously cooperated in creating this book.

The Editors

収録作家 Contributing Artists

■凡例

1.掲載は作家ごとに，作品のモチーフや傾向に沿って，ほぼ次のように配列した。
〈写生的な作品〉
〈女性をモチーフとする作品〉
〈車，宇宙，医学などメカニックなものをモチーフとする作品〉
〈コミカルな作品〉
〈超現実的世界，イメージを描いた作品〉
〈動物，植物をモチーフとする作品〉
2.作品番号は，各見開き内で作品データと対応するものとした。
3.データ部分の略号は，次のことを示す。
a.——発表形態
b.——クライアント
c.——画材
d.——原画寸法　タテ×ヨコ（ミリ）
e.——制作年

ザ・リアル・イラストレーション 2

WORKS

Realistic Illustrations In Japan 2

1

2

太田 泉

1 ——a.カタログ表紙 b.丸石自転車 c.イラストレーションボード，リキテックス d.450×340 e.1985

2 ——a.書籍カバー b.k.k.ベストセラーズ c.イラストレーションボード，リキテックス d.250×230 e.1986

3 ——a.オリジナル作品 c.イラストレーションボード，リキテックス d.410×280 e.1984

Izumi Ohta

1 ——Catalogue. Acrylic on illustration board. 450×340mm. 1985

2 ——Book jacket. Acrylic on illustration board. 250×230mm. 1986

3 ——Original work. Acrylic on illustration board. 410×280mm. 1984

3

1

大久保敏邦

1 ——「カシオペア」a.ポスター、レコードジャケット b.アルファレコード c.クレセントボード、リキテックス＋水彩＋ジェッソ d.515×515 e.1980

2 ——「ベニ花一番」a.ポスター、カタログ b.ナチュラルグループ本社 c.クレセントボード、リキテックス＋水彩＋ジェッソ d.728×515 e.1986

3 ——「ヤマメ」a.オリジナル作品 c.クレセントボード、リキテックス＋水彩＋ジェッソ d.364×515 e.1986

Toshikuni Ohkubo

1 ——Poster and record jacket. Acrylic and watercolor on illustration board. 515×515mm. 1980

2 ——Poster and catalogue. Acrylic and watercolor on illustration board. 728×515mm. 1986

3 ——TROUT. Original work. Acrylic and watercolor on illustration board. 364×515mm. 1986

べに花
油100%
100% SAFFLOWER OIL
No Artificial Additives or Preservatives Used
この製品には食品添加物を一切使用しておりません。
NET CONTENT 46.8 FL. oz. (1388ml)
MADE IN JAPAN

2

3

1

大野高史

1 ——「卵」a.オリジナル作品 c.クレセントボード205, リキテックス d.390×262 e.1986
2 ——「バドワイザー」a.オリジナル作品 c.クレセントボード205, リキテックス d.324×375 e.1986
3 ——「キャメル」a.オリジナル作品 c.クレセントボード205, リキテックス d.350×250 e.1986

Takashi Ohno

1 ——EGG. Acrylic on illustration board. 390×262mm. 1986
2 ——BUDWISER. Acrylic on illustration board. 324×375mm. 1986
3 ——CIGARETTE. Acrylic on illustration board. 350×250mm. 1986

ANHEUSER-BUSCH, INC.
RECYCLABLE ALUMINUM
GBR
2

CAMEL
MILDS
LOWERED TAR
TURKISH & AMERICAN
BLEND
R.J. Reynolds
Tobacco Co.
3

1

2

斎藤雅緒

1 ——「パイナップルチーズバーガー」 a.広告キャンペーン b.日本マクドナルド c.イラストレーションボード215, アクリル d.910×730 e.1986

2 ——「ポテト&コーン」 a.広告キャンペーン b.日本たばこ産業 c.キャンバス, アクリル+ガッシュ d.660×530 e.1986

Masao Saito

1 ——Advertisement campaign. Acrylic on illustration board. 910×730mm. 1986

2 ——Advertisement campaign. Acrylic and gouache on canvas. 660×530mm. 1986

1

2

3

4

小嶋 保

1 ——a.オリジナル作品 c.クレセントボード97, リキテックス+カラーインク+アクリルガッシュ+プリズマカラー d.376×524 e.1986

2 ——a.ポスター b.中部電力 c.クレセントボード97, リキテックス d.370×520 e.1981

Tamotsu Kojima

1 ——Original work. Acrylic and color ink on illustration board. 376×524mm. 1986

2 ——Poster. Acrylic on illustration board. 370×520mm. 1981

寺澤 昭

3 ——「目」a.会社案内, ポスター b.三喜眼鏡 c.BBケント, アクリル+ガッシュ d.364×515 e.1985

4 ——「タバコ」a.ポスター, 雑誌 b.協同広告 c.BBケント, アクリル+ガッシュ d.594×420 e.1986

Akira Terasawa

3 ——AN EYE. Poster and pamphlet. Acrylic and gouache on kent pater. 364×515mm. 1985

4 ——CIGARETTE. Poster and magazine. Acrylic and gouache on kent pater. 594×420mm. 1986

1

大下 亮
1 ——a.ポスター b.JAC c.クレセントボード215, リキテックス d.770×830 e.1981
2 ——a.書籍カバー b.現代書林 c.クレセントボード215, リキテックス d.210×165 e.1982
3 ——a.ポスター b.ホワイトホースジャパン c.クレセントボード215, リキテックス d.630×515 e.1982

Ryo Ohshita
1 ——Poster. Acrylic on illustration board. 770×830mm. 1981
2 ——Book jacket. Acrylic on illustration board. 210×165mm. 1982
3 ——Poster. Acrylic on illustration board. 630×515mm. 1982

2

3

1

カサイ工房
1 ——「第40回ライスボール」a.ポスター，チケット他 b.日本アメリカンフットボール協会 c.クレセントボード，リキテックス d.1030×728 e.1986
2 ——a.ポスター b.日本アパタイト c.クレセントボード，リキテックス d.728×1030 e.1986

Kasai-Kobo
1 ——RICE BOWL. Poster and ticket. Acrylic on illustration board. 1030×728mm. 1986
2 ——Poster. Acrylic on illustration board. 728×1030mm. 1986

2

K.G.ヤナセ
3 ——「シュミクラク」a.書籍カバー b.サンリオ c.クレセントボード100，リキテックス d.320×260 e.1986
4 ——「テレポートされざる者」a.書籍カバー b.サンリオ c.クレセントボード100，リキテックス d.350×270 e.1985
5 ——「荒れた大地」a.書籍カバー b.ハヤカワ書房 c.クレセントボード100，リキテックス d.270×190 e.1986
6 ——「あなたを合成します」a.書籍カバー b.サンリオ c.クレセントボード100，リキテックス d.300×210 e.1985

K.G.Yanase
3 ——Book jacket. Acrylic on illustration board. 320×260mm. 1986
4 ——Book jacket. Acrylic on illustration board. 350×270mm. 1985
5 ——Book jacket. Acrylic on illustration board. 270×190mm. 1986
6 ——Book jacket. Acrylic on illustration board. 300×210mm. 1985

3

5

4

6

1

2

山崎正夫

1 ——a.オリジナル作品 c.BBケント，カラーインク+パステル d.630×480 e.1986

2 ——a.カレンダー b.後楽園 c.BBケント,カラーインク d.380×560 e.1985

3 ——a.エディトリアル b.視覚デザイン研究所 c.BBケント,カラーインク+パステル d.510×400 e.1986

Masao Yamazaki

1 ——Original work. Color ink and pastel on kent paper. 630×480mm. 1986

2 ——Calendar. Color ink on kent paper. 380×560mm. 1985

3 ——Editorial work. Color ink and pastel on kent paper. 510×400mm. 1986

4

3

5

本間公俊
4 ——a.雑誌ピンナップ b.モーターマガジン社 c.イラストレーションボード, アクリル d.334×456 e.1986
5 ——a.雑誌・個人作品集 b.カースタイリング出版 c.イラストレーションボード, アクリル d.440×315 e.1986

Kimitoshi Honma
4 ——Magazine illustration. Acrylic on illustration board. 334×456mm. 1986
5 ——Magazine and portfolio. Acrylic on illustration board. 440×315mm. 1986

1

2

3

坂本富志雄

1 ——a.雑誌『ゴルフダイジェスト』 b.ゴルフダイジェスト社 c.イラストレーションボード,アクリル+油彩 d.210×450 e.1983

2 ——a.雑誌『ゴルフダイジェスト』 b.ゴルフダイジェスト社 c.イラストレーションボード,アクリル+油彩 d.600×450 e.1986

3 ——a.雑誌『Number』 b.文藝春秋社 c.イラストレーションボード,アクリル d.270×415 e.1981

Toshio Sakamoto

1 ——Magazine illustration. Acrylic and oil on illustration board. 210×450mm. 1983

2 ——Magazine illustration. Acrylic and oil on illustration board. 600×450mm. 1986

3 ——Magazine illustration. Acrylic on illustration board. 270×415mm. 1981

4

5

安田忠幸

4 ——「喪失荒野」a.書籍カバー b.講談社 c.クレセントボード, リキテックス d.231×176 e.1986

5 ——「ふりかえればサバンナ」a.書籍カバー b.集英社 c.クレセントボード, リキテックス d.237×179 e.1986

Tadayuki Yasuda

4 ——Book jacket. Acrylic on illustration board. 231×176mm. 1986

5 ——Book jacket. Acrylic on illustration board. 237×179mm. 1986

1

2

村上基浩

1 ——a.雑誌表紙 b.学習研究社 c.クレセントボード215, リキテックス+ガッシュ d.420×370 e.1986

2 ——a.ポスター b.シャルマン眼鏡 c.クレセントボード215, リキテックス+ガッシュ d.550×700 e.1986

Motohiro Murakami

1 ——Magazine cover. Acrylic and gouache on illustration board. 420×370mm. 1986

2 ——Poster. Acrylic and gouache on illustration board. 550×700mm. 1986

3

4

三田恒夫

3 ——「パリ」a.未定 b.日本航空 c.イラストレーションボード, リキテックス d.515×728 e.1986

4 ——「ハワイ」a.未定 b.日本航空 c.イラストレーションボード, リキテックス d.515×728 e.1986

Tsuneo Sanda

3 ——PARIS. Acrylic on illustration board. 515×728mm. 1986

4 ——HAWAII. Acrylic on illustration board. 515×728mm. 1986

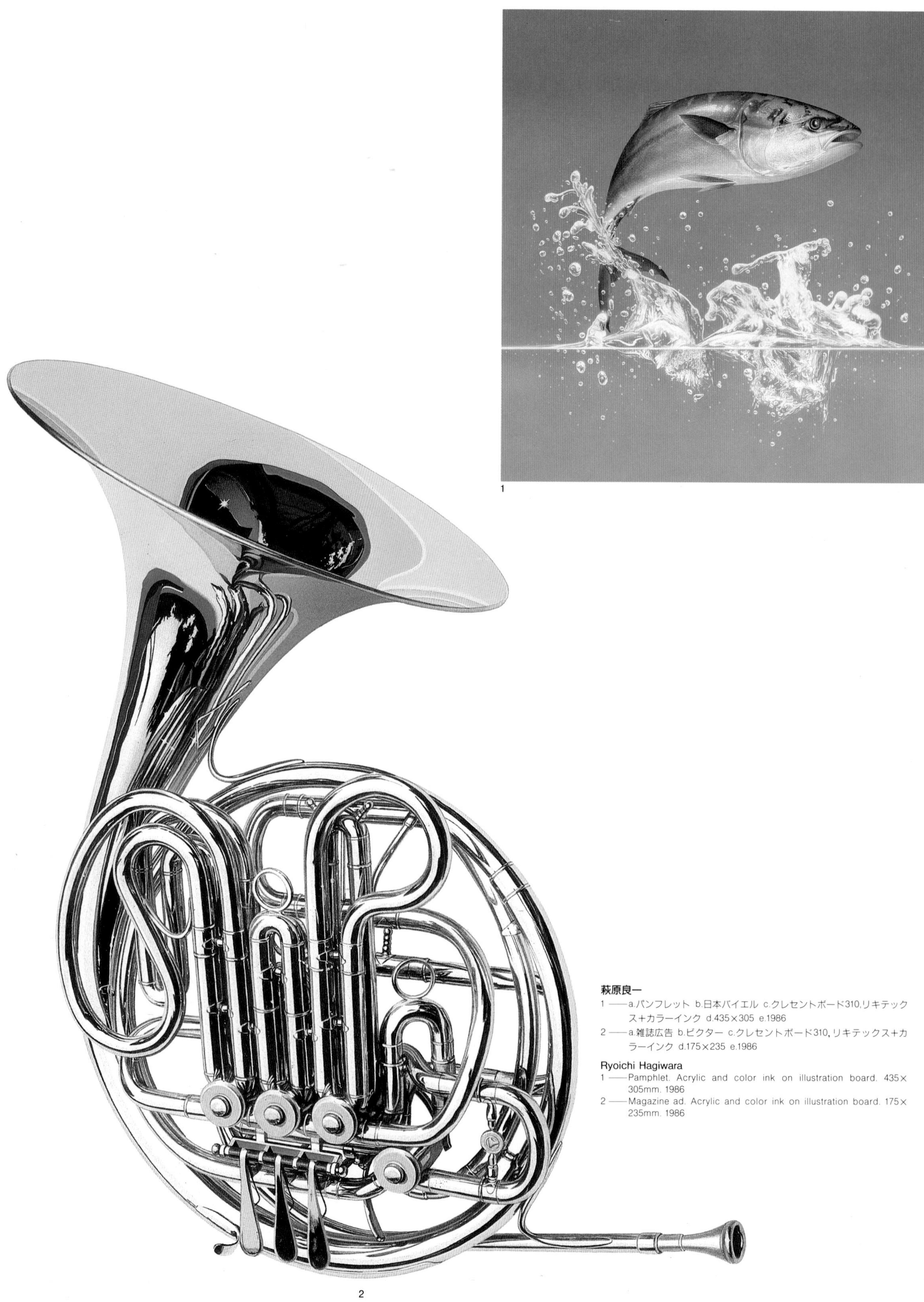

1

2

萩原良一

1 ——a.パンフレット b.日本バイエル c.クレセントボード310,リキテックス+カラーインク d.435×305 e.1986

2 ——a.雑誌広告 b.ビクター c.クレセントボード310, リキテックス+カラーインク d.175×235 e.1986

Ryoichi Hagiwara

1 ——Pamphlet. Acrylic and color ink on illustration board. 435×305mm. 1986

2 ——Magazine ad. Acrylic and color ink on illustration board. 175×235mm. 1986

3

斉藤捷夫
3 ――「はたはた」a.ポスター b.小田急百貨店 c.クレセントボード310, リキテックス d.357×515 e.1976
4 ――「角瓶」a.オリジナル作品 c.クレセントボード310, リキテックス d.350×650 e.1976

Hayao Saito
3 ――FISH. Postei. Acrylic on illustration board. 357×515mm. 1976
4 ――BOTTLE. Original work. Acrylic on illustration board. 350×650mm. 1976

4

1

2

谷井建三

1 ——「仙台, 広瀬川」 a.絵葉書 b.三和銀行 c.BBケント, アクリル d.420 ×594 e.1986

2 ——「三和銀行大手町店ロビー」 a.絵葉書 b.三和銀行 c.BBケント, アクリル d.594×420 e.1986

Kenzo Tanii

1 —— HIROSE RIVER. Post card. Acrylic on kent paper. 420×594mm. 1986

2 —— LOBBY. Post card. Acrylic on kent paper. 594×420mm. 1986

3

穂積和夫
3 ——「アウト・ドア・ライフ」 a.カレンダー b.アシックス c.ケント, インク d.408×336 e.1985

Kazuo Hozumi
3 ——OUT DOOR LIFE. Calendar. Ink on kent paper. 408×336mm. 1985

1

2

斎藤幹生

1 ——「漁村」a.オリジナル作品 c.キャンソン,墨 d.370×270 e.1984

2 ——「白頭ワシ」a.オリジナル作品 c.キャンソン,墨 d.350×230 e.1983

Mikio Saito

1 ——SEASIDE VILLAGE. Original work. Indian ink on canson paper. 370×270mm. 1984

2 ——BALD EAGLE. Original work. Indian ink on canson paper. 350×230mm. 1983

3

4

門坂 流

3 ——a.オリジナル作品 c.BFK. RIVES, 銅版画 d.235×360 e.1985

4 ——a.オリジナル作品 c.BFK. RIVES, 手彩色銅版画(水彩) d.235×180 e.1986

Ryu Kadosaka

3 ——Original work. Engraving. 235×360mm. 1985

4 ——Original work. Watercolor on etching work. 235×180mm. 1986

1

2

横山 明

1 ——a.ポスター b.三菱自動車 c.クレセントボード100, コンテ+コンテ鉛筆+ジェッソ+水彩+パステル鉛筆 d.436×515 e.1986

2 ——a.ポスター b.三菱自動車 c.クレセントボード100, ジェッソ+モデリングペースト+パステル+水彩+パステル鉛筆 d.500×515 e.1986

Akira Yokoyama

1 ——Poster. Conte, watercolor and pastel on illustration board. 436×515mm. 1986

2 ——Poster. Conte, watercolor and pastel on illustration board. 500×515mm. 1986

1

滝野晴夫

1 ——a.ポスター b.(株)モア c.イラストレーションボード,アクリル d.515×778 e.1986
2•3 —a.書籍『三国志』カバー b.講談社 c.イラストレーションボード,アクリル d.320×260 e.1985

Haruo Takino

1 ——Poster. Acrylic on illustration board. 515×778mm. 1986
2•3 —Book jacket. Acrylic on illustration board. 320×260mm. 1985

2

3

1

福田隆義
1 ——「想」a.カレンダー b.舞鶴屋 c.キャンバス, 油彩 d.450×530 e.1986
2 ——「風」a.カレンダー b.舞鶴屋 c.キャンバス, 油彩 d.530×530 e.1986

Takayoshi Fukuda
1 ——Calendar. Oil on canvas. 450×530mm. 1986
2 ——Calendar. Oil on canvas. 530×530mm. 1986

2

1

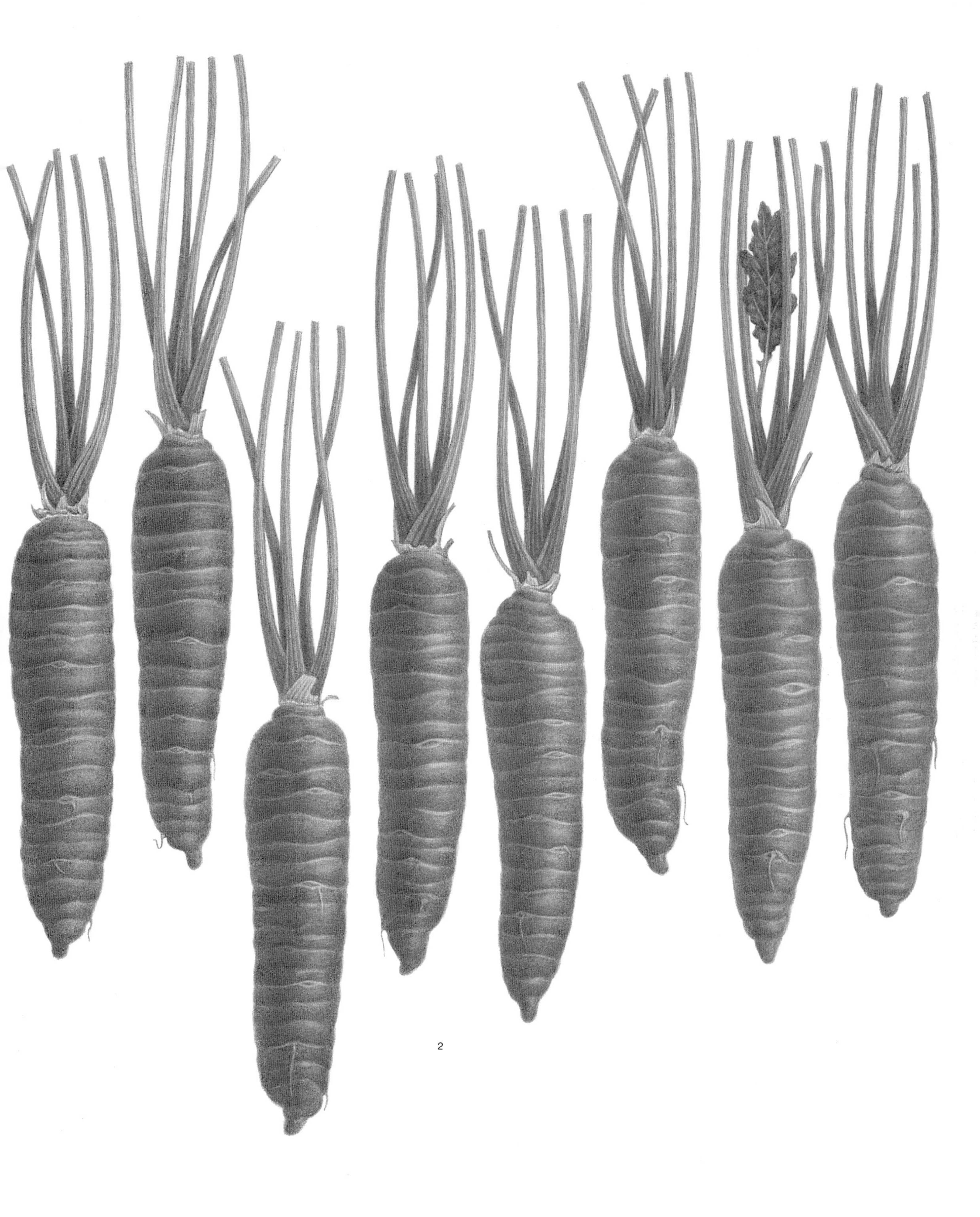

2

大橋 正

1 ——a.雑誌表紙 b.キッコーマン c.クレセントボード,アクリル+カラーインク d.440×360 e.1986

2 ——a.雑誌広告 b.キッコーマン c.クレセントボード,アクリル+カラーインク d.360×440 e.1986

Tadashi Ohashi

1 ——Magazine cover. Acrylic and color ink on illustration board. 440×360mm. 1986

2 ——Magazine ad. Acrylic and color ink on illustration board. 360×440mm. 1986

1

2

久保幸造

1 ——「ダウンタウンにて」 a.オリジナル＋ポストカード b.ミスターポストマン c.バニーリキャンバス，リキテックス d.1030×730 e.1985

Kozo Kubo

1 ——DOWN TOWN. Original work and post card. Acrylic on canvas. 1030×730mm. 1985

小林宰士

2 ——「果実」a.カレンダー b.関橋商会 c.クレセントボード200, リキテックス d.290×470 e.1986

3 ——「花」a.雑誌 b.カネボウ化粧品 c.クレセントボード200,リキテックス d.290×470 e.1984

Saishi Kobayashi

2 ——FRUIT. Calendar. Acrylic on illustration board. 290×470mm. 1986

3 ——FLOWERS. Calendar. Acrylic on illustration board. 290×470mm. 1984

3

1

2

毛利 彰

1 ——「蜘蛛女のキス」 a.ポスター b.ヘラルドエース c.BBケント,アクリル d.1030×720 e.1986
2 ——a.オリジナル作品 c.BBケント,アクリル d.1030×720 e.1986

Akira Mouri

1 ——Poster. Acrylic on kent paper. 1030×720mm. 1986
2 ——Original work. Acrylic on kent paper. 1030×720mm. 1986

3

4

又場 修
3 ——a.ポスター b.東武デパート c.クレセントボード215, リキテックス d.500×572 e.1986
4 ——a.ポスター b.東武デパート c.クレセントボード215, リキテックス d.728×515 e.1986

Osamu Mataba
3 ——Poster. Acrylic on illustration board. 500×572mm. 1986
4 ——Poster. Acrylic on illustration board. 728×515mm. 1986

1

河田久雄

1 ——「マンハッタン・ビーチ」 a.パンフレット b.JCB c.キャンバスボード, リキテックス d.364×515 e.1980
2 ——「ロスアンジェルス」 a.パンフレット b.ブリヂストン c.キャンバスボード, リキテックス d.364×515 e.1981

Hisao Kawada
1 ——THE MANHATTAN BEACH. Pamphlet. Acrylic on illustration board. 364×515mm. 1980
2 ——LOS ANGELES. Pamphlet. Acrylic on illustration board. 364×515mm. 1981

2

米島義明
3 ——「チアガール」 a.未発表 b.大正製薬 c.クレセントボード205, カラーインク d.450×450 e.1986
4 ——a.店頭ポスター b.埼玉銀行 c.クレセントボード205, カラーインク d.444×728 e.1986

Yoshiaki Yoneshima
3 ——CHEER GIRLS. Unpublished. Color ink on illustration board. 450×450mm. 1986
4 ——Poster. Color ink on illustration board. 444×728mm. 1986

3

4

1

武田育雄
1 ——a.新聞 b.伊勢丹 c.イラストレーションボード, リキテックス d.600×450 e.1986
2 ——a.雑誌表紙 b.講談社 c.クレセントボード, リキテックス d.515×364 e.1986
3 ——a.ポスター b.パティオ c.イラストレーションボード, リキテックス d.515×728 e.1985

Ikuo Takeda
1 ——Newspaper ad. Acrylic on illustration board. 600×450mm. 1986
2 ——Magazine cover. Acrylic on illustration board. 515×364mm. 1986
3 ——Poster. Acrylic on illustration board. 515×728mm. 1985

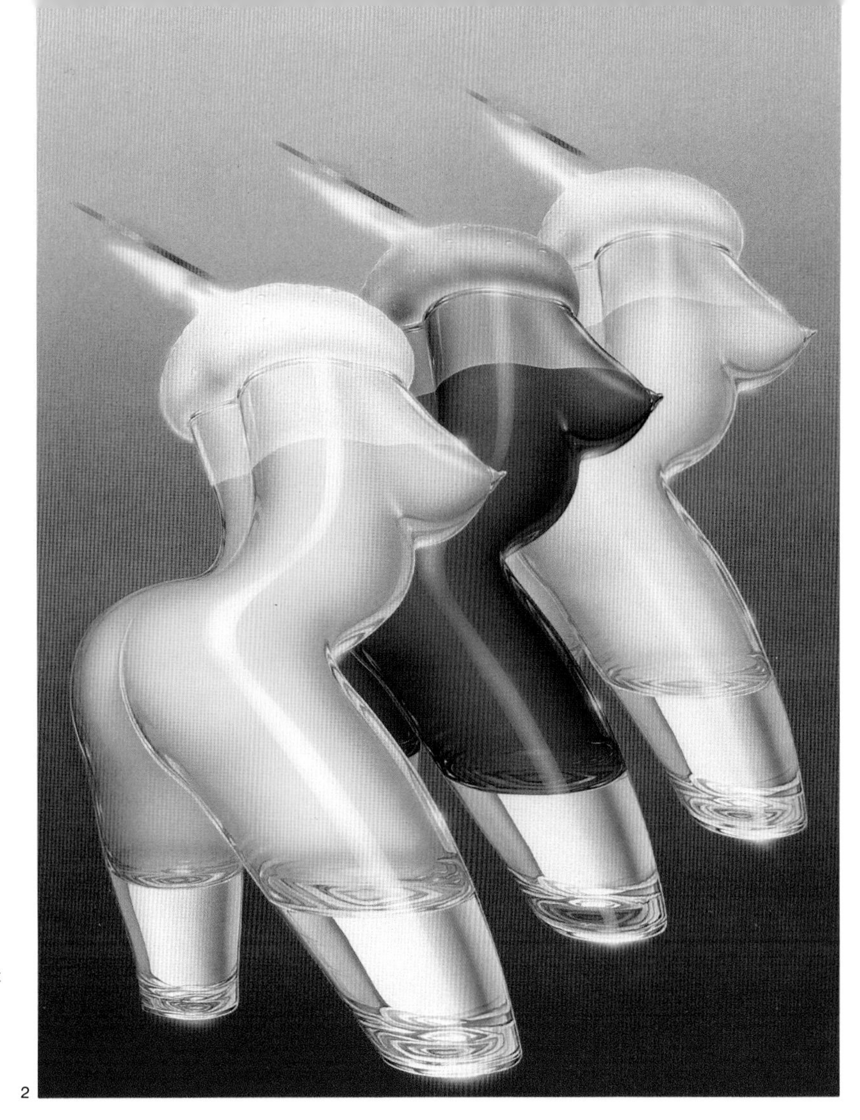

2

3

1

ペーター佐藤

1 ——「ジェームス・ディーン」 a.ポストカード c.コットン紙, パステル e.1986
2 ——a.ポスター b.キリンビール c.コットン紙, パステル e.1986

Pater Sato

1 ——JAMES DEAN. Post card. Pastel on cotton paper. 1986
2 ——Poster. Pastel on cotton paper. 1986

Light is Right
KIRIN BEER
LIGHT
ビールライト

1

1

斎藤美奈子

1 ——a.ポスター・新聞広告 b.三菱自動車 c.イラストレーションボード, アクリル d.620×510 e.1985

2 ——「アルプスの女」 a.個展用オリジナル作品 c.イラストレーションボード, アクリル d.960×760 e.1984

Minako Saito

1 ——Poster and newspaper ad. Acrylic on illustration board. 620×510mm. 1985

2 ——Original work for one-woman exhibition. Acrylic on illustration board. 960×760mm. 1984

1

空山 基

1 ——a.ポスター b.コニカ c.クレセントボード200, リキテックス d.364×515 e.1986
2 ——a.オリジナル作品 c.クレセントボード200, リキテックス d.515×364 e.1986
3 ——a.ポスター, 新聞, 雑誌 b.明治製菓 c.クレセントボード200, リキテックス d.515×515 e.1986

Hajime Sorayama
1 ——Poster. Acrylic on illustration board. 364×515mm. 1986
2 ——Original work. Acrylic on illustration board. 515×364mm. 1986
3 ——Poster, newspaper and magazine. Acrylic on illustration board. 515×515mm. 1986

3

2

2

大西洋介
1 ——a.雑誌 b.ミリオン出版 c.クレセントボード310,リキテックス d.360×500 e.1986
2 ——a.雑誌 b.光文社 c.クレセントボード310,リキテックス d.600×360 e.1986

Yosuke Ohnishi
1 ——Magazine illustration. Acrylic on illustration board. 360×500mm. 1986
2 ——Magazine illustration. Acrylic on illustration board. 600×360mm. 1986

1

3

2

山口はるみ
1 ——a.ポスター b.コニカ c.クレセントボード205, カラーインク d.594×420 e.1986
2 ——a.雑誌 b.プレイボーイ c.クレセントボード205, カラーインク d.515×364 e.1986
3 ——a.雑誌 b.プレイボーイ c.クレセントボード205, カラーインク d.515×364 e.1985

Harumi Yamaguchi
1 ——Poster. Color ink on illustration board. 594×420mm. 1986
2 ——Magazine illustration. Color ink on illustration board. 515×364mm. 1986
3 ——Magazine illustration. Color ink on illustration board. 515×364mm. 1985

1

3

2

小玉英章

1 ——a.カタログ b.グラフィック社 c.クレセントボード97, リキテックス+ガッシュ+カラーインク+エアロフラッシュ d.480×500 e.1986

2 ——a.ポスター b.ヤマハ c.クレセントボード97, リキテックス+ガッシュ+カラーインク+エアロフラッシュ d.728×515 e.1985

3 ——a.メニュー表紙 b.Eleair c.クレセントボード97, リキテックス+ガッシュ+カラーインク+エアロフラッシュ d.500×400 e.1986

Hideaki Kodama

1 ——Catalogue. Acrylic, gouache, color ink and aeroflash on illustration board. 480×500mm. 1986

2 ——Poster. Acrylic, gouache, color ink and aeroflash on illustration board. 728×515mm. 1985

3 ——MENU COVER. Acrylic, gouache, color ink and aeroflash on illustration board. 500×400mm. 1986

4

5

きむら まこと

4 ――「ピンクのお帽子」a.個展用オリジナル作品 c.クレセントボード,カラーインク d.525×390 e.1986

5 ――a.雑誌 b.集英社 c.クレセントボード,カラーインク d.490×360 e.1986

Makoto Kimura

4 ――PINK HAT. Original work for one-woman exhibition. Color ink on illustration board. 525×390mm. 1986

5 ――Magazine illustration. Color ink on illustration board. 490×360mm. 1986

1

中川恵司

1 ——「孫子」 a.書籍カバー b.ダイヤモンド社 c.BBケント，リキテックス d.330×220 e.1986
2 ——「揺らぎ」 a.書籍カバー b.光文社 c.BBケント，リキテックス d.480×335 e.1986

Keiji Nakagawa

1 ——Book jacket. Acrylic on kent paper. 330×220mm. 1986
2 ——Book jacket. Acrylic on kent paper. 480×335mm. 1986

2

田中昌宏
3 ——a.オリジナル作品 c.キャンバスボード, リキテックス d.530×453 e.1986

Akihiro Tanaka
3 ——Original work. Acrylic on illustration board. 530×453mm. 1986

3

1

2

河原 誠

1 ——a.オリジナル作品 c.クレセントボード215, リキテックス d.594×420 e.1986
2 ——a.オリジナル作品 c.クレセントボード215, リキテックス d.297×420 e.1985

Makoto Kawahara

1 ——Original work. Acrylic on illustration board. 594×420mm. 1986
2 ——Original work. Acrylic on illustration board. 297×420mm. 1985

3

中村成二
3 ——「カクテル・ナプキン・メッセージ」a.雑誌『プレイボーイ』b.集英社 c.クレセントボード310, アクリル d.345×495 e.1986

Seiji Nakamura
3 —— Editorial. Acrylic on illustration board. 345×495mm. 1986

1

村山潤一

1 ——a.書籍カバー b.青樹社 c.クレセントボード310, リキテックス d.280×190 e.1985

2 ——a.書籍カバー b.廣済堂出版 c.クレセントボード310, リキテックス d.230×220 e.1986

Jun'ichi Murayama

1 ——Book jacket. Acrylic on illustration board. 280×190mm. 1985

2 ——Book jacket. Acrylic on illustration board. 230×220mm. 1986

2

3

4

杉田英樹
3 ——「マリリンモンロー」 a.オリジナル作品 c.クレセントボード, リキテックス d.515×364 e.1985
4 ——「アイスクリーム」 a.新聞広告 b.日産自動車 c.クレセントボード, 鉛筆 d.515×364 e.1984

Hideki Sugita
3 ——MARILYN MONROE. Original work. Acrylic on illustration board. 515×364mm. 1985
4 ——ICE CREAM. Newspaper ad. Pencil on illustration board. 515×364mm. 1984

1

2

杖村さえ子

1 ——a.オリジナル作品 c.和紙, リキテックス d.900×600 e.1986

2 ——a.テレビ広告 b.シードコンタクトレンズ c.クレセントボード, リキテックス d.350×350 e.1986

Saeko Tsuemura

1 ——Original work. Acrylic on japanese paper. 900×600mm. 1986

2 ——T.V.C.F. Acrylic on illustration board. 350×350mm. 1986

3

吉岡和洋

3 ——a.ポスター b.朝日住宅 c.アルシュ紙, 水彩 d.257×364 e.1982

4 ——a.オリジナル作品 c.麻紙, 水彩 d.332×370 e.1986

Kazuhiro Yoshioka

3 ——Poster. Watercolor on watercolor paper. 257×364mm. 1982

4 ——Original work. Watercolor on watercolor paper. 332×370mm. 1986

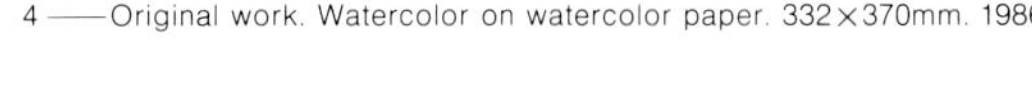

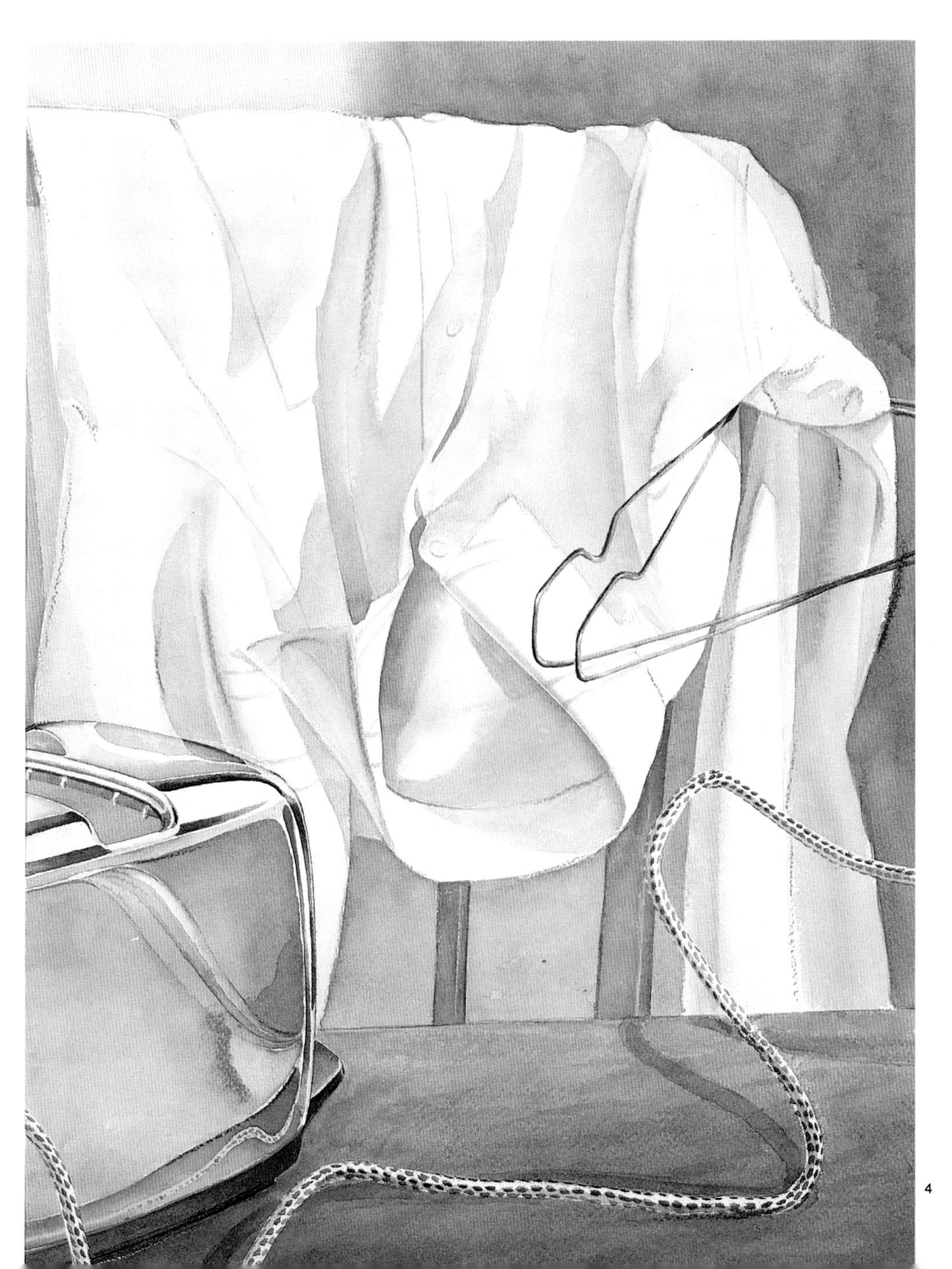

4

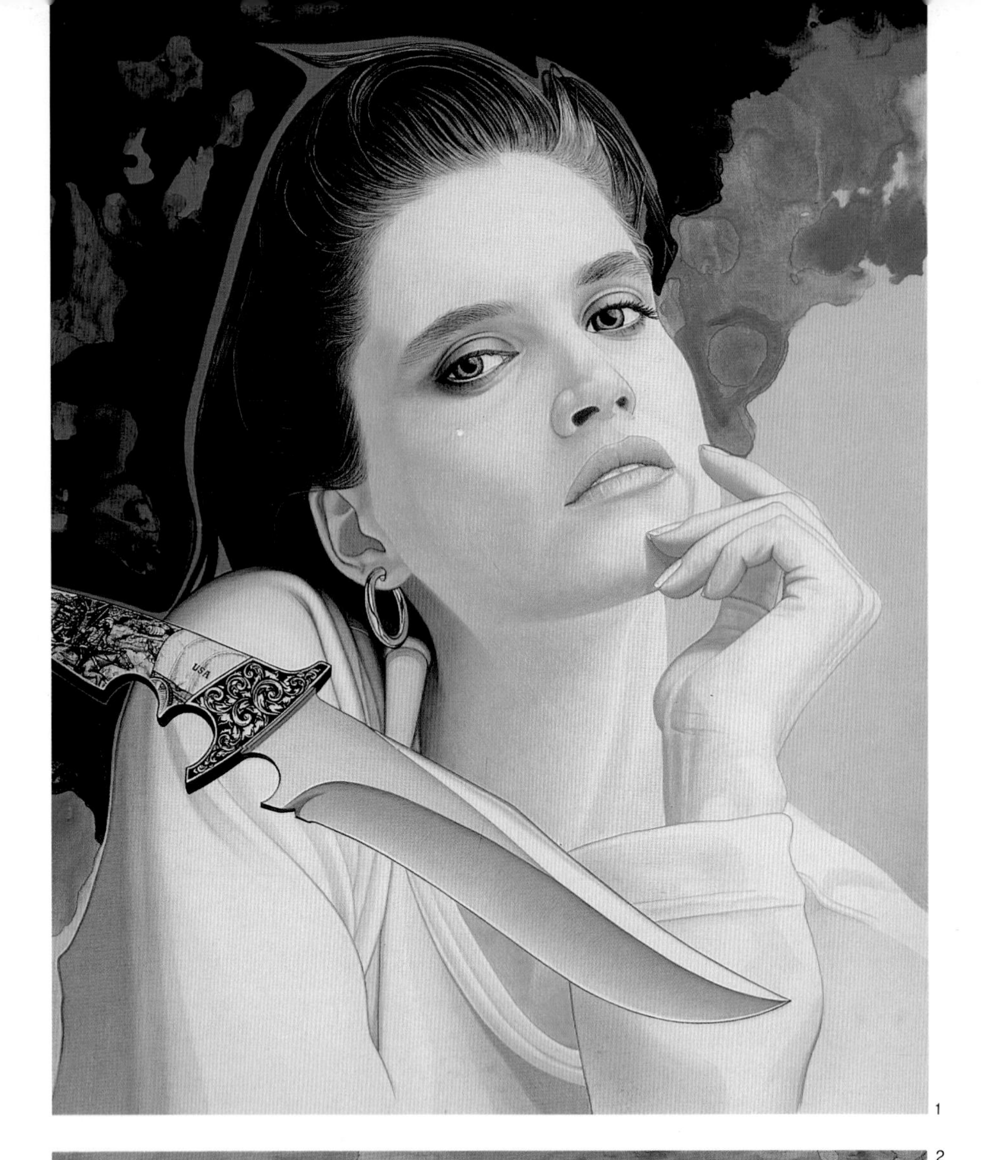

1

2

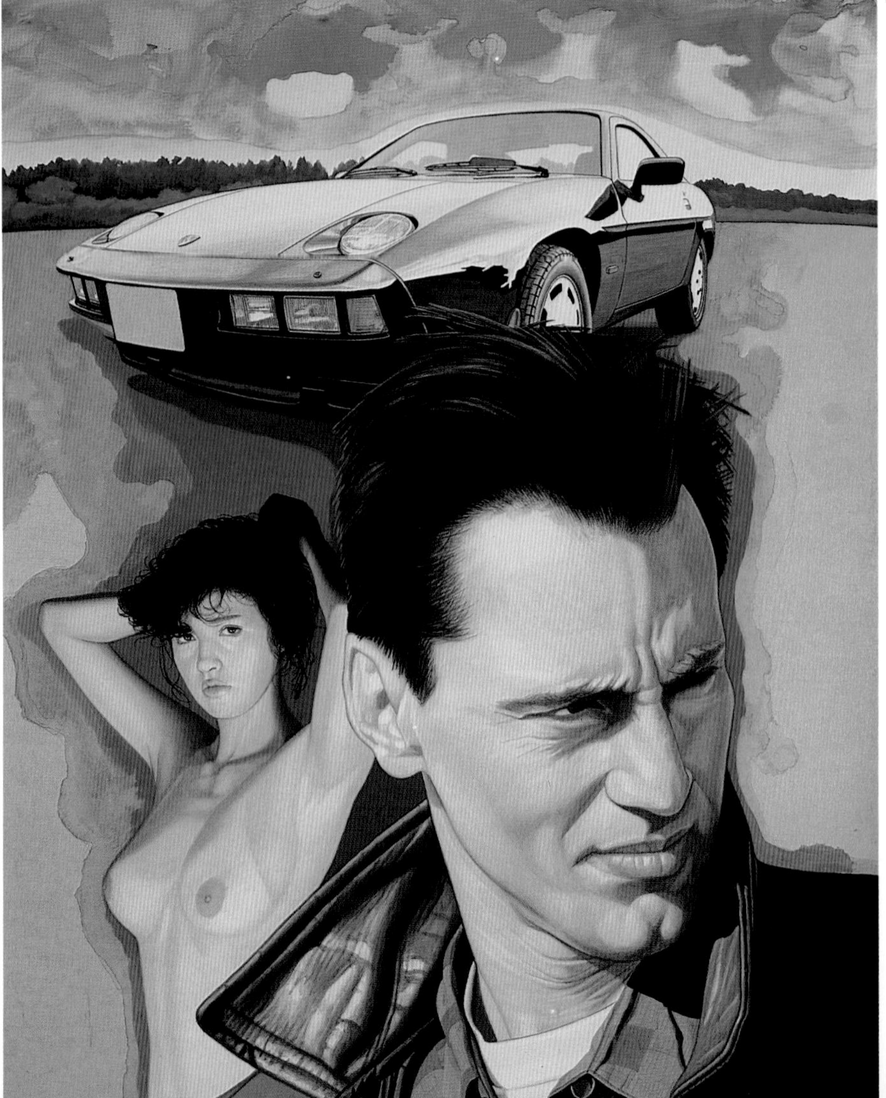

芦辺一久

1 ——a.オリジナル作品 c.クレセントボード,アクリル+ガッシュ d.300×240 e.1986

2 ——a.オリジナル作品 c.クレセントボード,アクリル+ガッシュ d.270×230 e.1986

Kazuhisa Ashibe

1 ——Original work. Acrylic and gouache on illustration board. 300×240mm. 1986

2 ——Original work. Acrylic and gouache on illustration board. 270×230mm. 1986

3

坂本勝彦
3 ——a.オリジナル作品 c.クレセントボード,リキテックス d.728×515 e.1984

Katsuhiko Sakamoto
3 ——Original work. Acrylic on illustration board. 728×515mm. 1984

石山みのる
4 ——a.オリジナル作品 c.クレセントボード100,リキテックス d.234×165 e.1986

Minoru Ishiyama
4 ——Original work. Acrylic on illustration board. 234×165mm. 1986

4

1

2

宮本 勝

1 ——a.カタログ c.クレセントボード215, リキテックス d.320×410 e.1984

2 ——a.オリジナル作品 c.クレセントボード215, リキテックス+ガッシュ d.340×420 e.1985

Masaru Miyamoto

1 ——Catalogue. Acrylic on illustration board. 320×410mm. 1984

2 ——Original work. Acrylic and gouache on illustration board. 340×420mm. 1985

山下秀男

3 ——a.雑誌 b.集英社 c.クレセントボード300, リキテックス d.360×290 e.1985
4 ——a.書籍カバー b.千趣会 c.クレセントボード300, リキテックス d.180×265 e.1986

Hideo Yamashita

3 ——Magazine illustration. Acrylic on illustration board. 360×290mm. 1985
4 ——Book jacket. Acrylic on illustration board. 180×265mm. 1986

3

4a

4b

1

2

岡本三紀夫
1 ——「マーキュリー」 a.雑誌表紙 b.ダイヤモンド社 c.クレセントボード215, リキテックス d.340×390 e.1986
2 ——「ワーゲンバギー」 a.雑誌表紙 b.ダイヤモンド社 c.クレセントボード215, リキテックス d.340×390 e.1986

Mikio Okamoto
1 ——MERCURY. Magazine cover. Acrylic on illustration board. 340×390mm. 1986
2 ——VOLKS WAGEN. Magazine cover. Acrylic on illustration board. 340×390mm. 1986

—CAUTION—
HELICOPTER
LANDING AREA
PLEASE REMAIN
THIS SIDE OF FENCE
Bell
AUG
CALIFORNIA
503 RZM
HAPPINESS IS BEING SINGLE

1

2

石崎康秀

1 ——「トヨタAB型」a.パンフレット b.トヨタ自動車 c.クレセントボード，リキテックス+ガッシュ d.400×800 e.1985

2 ——「トヨタランドクルーザー」a.カタログ b.トヨタ自動車 c.クレセントボード，リキテックス+ガッシュ d.800×800

Yasuhide Ishizaki

1 ——TOYOTA AB-TYPE. Pamphlet. Acrylic and gouache on illustration board. 400×800mm. 1985

2 ——TOYOTA LAND CRUISER. Catalogue. Acrylic and gouache on illustration board. 800×800mm.

3

4

野口佐武郎

3 ——「DUSENBERG & GARAGE」a.書籍 c.ケントボード,ポスターカラー+リキテックス+色鉛筆 d.370×600 e.1986

4 ——「ROLLS　ROYCE」a.書籍 c.ケントボード,ポスターカラー+鉛筆 d.364×515 e.1985

Saburo Noguchi

3 ——DUSENBERG & GARAGE. Book illustration. Acrylic and color pencil on illustration board. 370×600mm. 1985

4 ——ROLLS ROYCE. Book illustration. Poster-color and pencil on illustration board. 364×515mm. 1985

1

2

松本秀実

1 ——a.雑誌表紙 b.ドライバー c.キャンバス,水性アクリル d.304×362 e.1985

2 ——a.雑誌表紙 b.ドライバー c.BBケントボード,水性アクリル d.300×400 e.1986

Hidemi Matsumoto

1 ——Magazine cover. Acrylic on canvas. 304×362mm. 1985

2 ——Magazine cover. Acrylic on illustration board. 300×400mm. 1986

3

細川武志

3 ——「極限テクニック」a.書籍カバー b.山海堂 c.クレセントボード110, リキテックス d.300×210 e.1986

4 ——「レーザー, 1500ターボTX3」a.カタログ b.インクポイント c.BBケント, リキテックス d.290×610 e.1984

Takeshi Hosokawa

3 ——Book jacket. Acrylic on illustration board. 300×210mm. 1986

4 ——LASER 1500TURBO TX-3. Catalogue. Acrylic on kent paper. 290×610mm. 1984

4

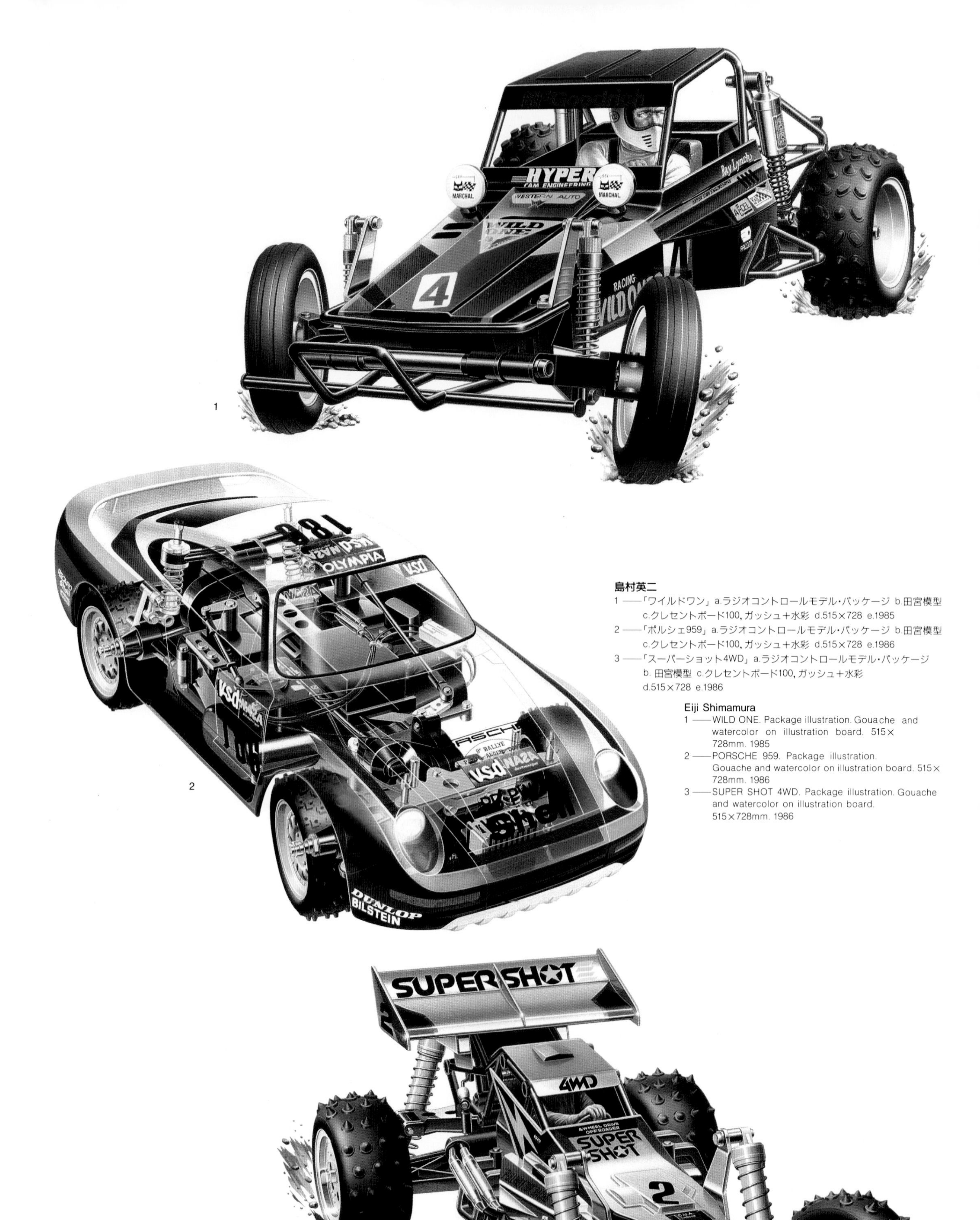

島村英二

1 ——「ワイルドワン」a.ラジオコントロールモデル・パッケージ b.田宮模型 c.クレセントボード100, ガッシュ＋水彩 d.515×728 e.1985

2 ——「ポルシェ959」a.ラジオコントロールモデル・パッケージ b.田宮模型 c.クレセントボード100, ガッシュ＋水彩 d.515×728 e.1986

3 ——「スーパーショット4WD」a.ラジオコントロールモデル・パッケージ b. 田宮模型 c.クレセントボード100, ガッシュ＋水彩 d.515×728 e.1986

Eiji Shimamura

1 ——WILD ONE. Package illustration. Gouache and watercolor on illustration board. 515×728mm. 1985

2 ——PORSCHE 959. Package illustration. Gouache and watercolor on illustration board. 515×728mm. 1986

3 ——SUPER SHOT 4WD. Package illustration. Gouache and watercolor on illustration board. 515×728mm. 1986

4

5

江間浩司
4 ——「モンスタービートル」 a.ラジオコントロールモデル・パッケージ b.田宮模型 c.クレセントボード100, 水彩 d.728×515 e.1986

Koji Ema
4 —— MONSTER BEETLE. Package illustration. Watercolor on illustration board. 728×515mm. 1986

青島敏行
5 ——「ロードウイザードF1」 a.ラジオコントロールカー・パッケージ b.田宮模型 c.クレセントボード100, ガッシュ d.515×728 e.1986
6 ——「ウイリアムズ・ホンダF1」 a.プラモデル・パッケージ b.田宮模型 c.クレセントボード100, ガッシュ d.515×728 e.1986

Toshiyuki Aoshima
5 —— ROAD WIZARD F1. Package illustration. Gouache on illustration board. 728×515mm. 1986
6 —— WILLIAMS FW-11 HONDA F1. Package illustration. Gouache on illustration board. 515×728mm. 1986

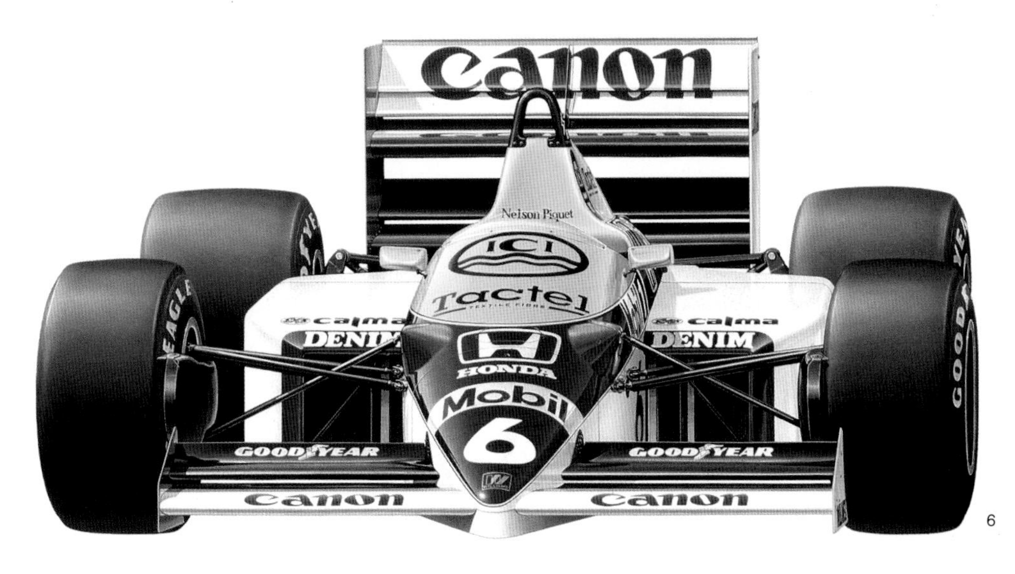

6

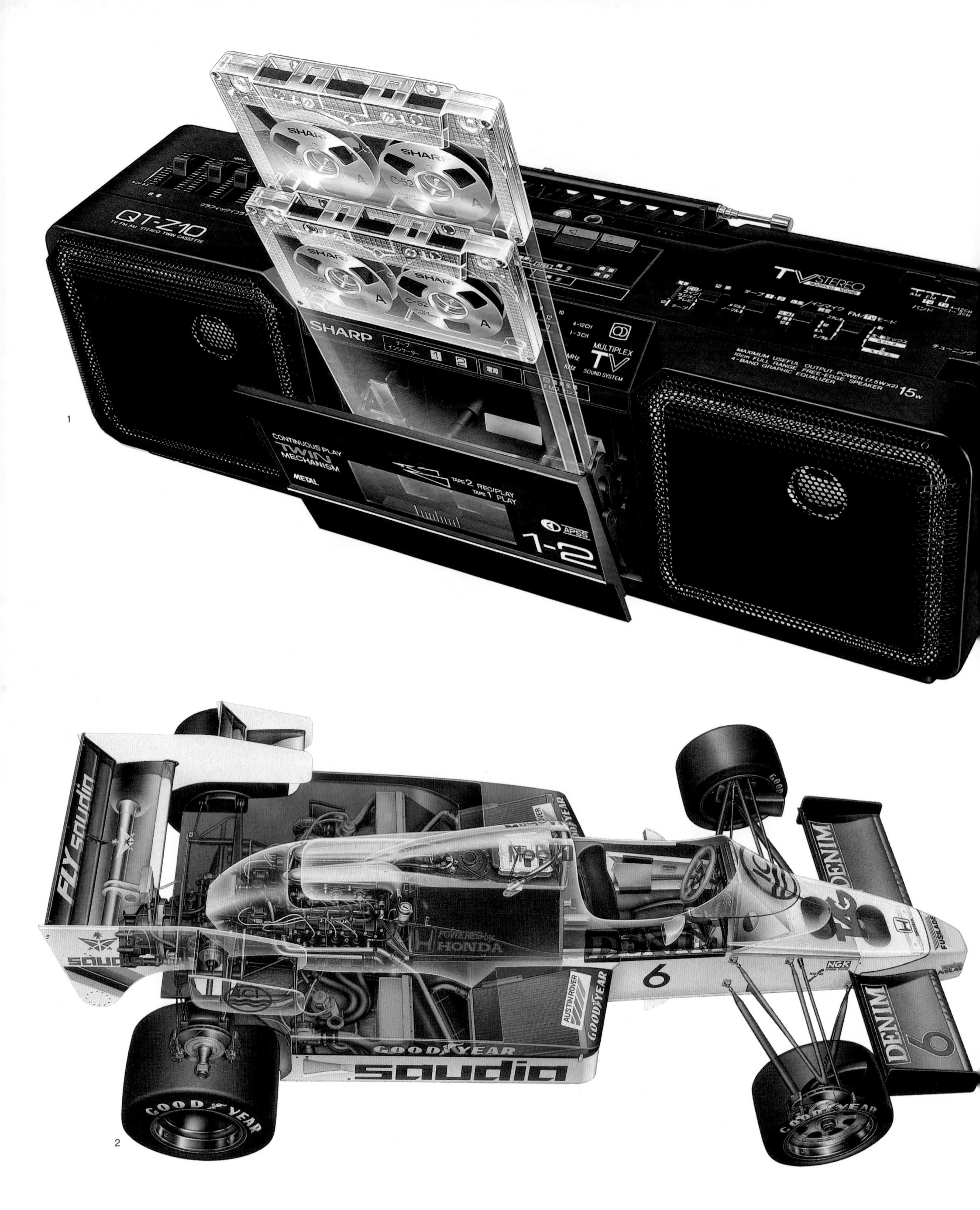

溝川秀男

1 ——「シャープ・ダブルラジカセ」a.ポスター, カタログ b.博報堂 c.クレセントボード215,リキテックス d.515×728 e.1985

2 ——「ホンダF1」a.オリジナル作品 c.クレセントボード215, リキテックス d.515×728 e.1985

Hideo Mizokawa

1 ——SHARP CASSETTE RECORDER. Poster and catalogue. Acrylic on illustration board. 515×728mm. 1985

2 ——HONDA F1. Original work. Acrylic on illustration board. 515×728mm. 1985

3

4

平山晶晴

3 ——「AMERICAN TRUCK」 a.オリジナル作品 c.クレセントボード205, リキテックス+エアロフラッシュ+カラーインク+ガッシュ d.420×590 e.1986

4 ——「ロータス49」 a.エディトリアル b.スクランブルカーマガジン c.クレセントボード205, リキテックス+エアロフラッシュ+カラーインク+ガッシュ d.420×590 e.1985

Masaharu Hirayama

3 ——AMERICAN TRUCK. Original work. Acrylic, aeroflash, color ink and gouache on illustration board. 420×590mm. 1986

4 ——LOTUS 49. Editorial. Acrylic, aeroflash, color ink and gouache on illustration board. 420×590mm. 1985

2

3

柏崎義明
1・2・3 —— a.雑誌表紙 b.モーターマガジン社 c.クレセントボード,リキテックス d.515×364 e.1986

Yoshiaki Kashiwazaki
1・2・3 —— Magazine cover. Acrylic on illustration board. 515×364mm. 1986

1

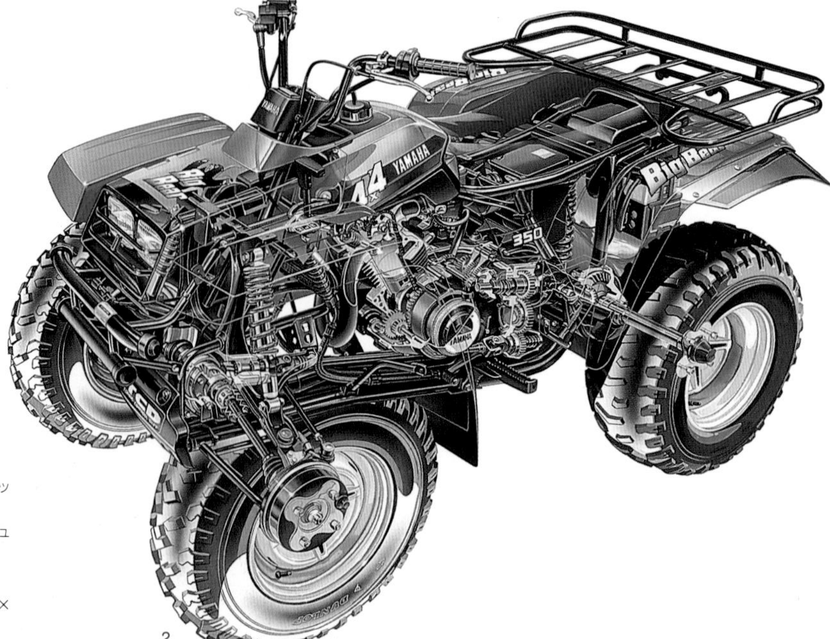

2

大内 誠

1 ——「ヤマハ FZR1000」 a.カタログ, ポスター b.ヤマハ発動機 c.クレセントボード215, ガッシュ d.400×650 e.1986

2 ——「ヤマハ ビッグベアー」 a.ポスター b.ヤマハ発動機 c.クレセントボード110, ガッシュ d.300×500 e.1986

Makoto Ouchi

1 ——YAMAHA FZR1000. Catalogue and poster. Gouache on illustration board. 400×650mm. 1986

2 ——YAMAHA BIG BEAR. Poster. Gouache on illustration board. 300×500mm. 1986

3

川上恭弘

3 ——「ヤマハ SRX-6」a.パッケージ他 b.田宮模型 c.クレセントボード215, リキテックス d.515×728 e.1986
4 ——「ハイメカ ツインカム エンジン」a.カタログ, 新聞, ポスターその他 b.トヨタ自動車 c.BBケント, リキテックス d.728×515 e.1986
5 ——「トヨタ ソアラ シャーシー」a.カタログ, パンフレット b.トヨタ自動車 c.クレセントボード215, リキテックス d.515×728 e.1986 .

Yasuhiro Kawakami

3 ——YAMAHA SRX-6. Package illustration. Acrylic on illustration board. 515×728mm. 1986
4 ——Catalogue, newspaper ad, and poster. Acrylic on kent paper. 728×515mm. 1986
5 ——Catalogue and pamphlet. Acrylic on illustration board. 515×728mm. 1986

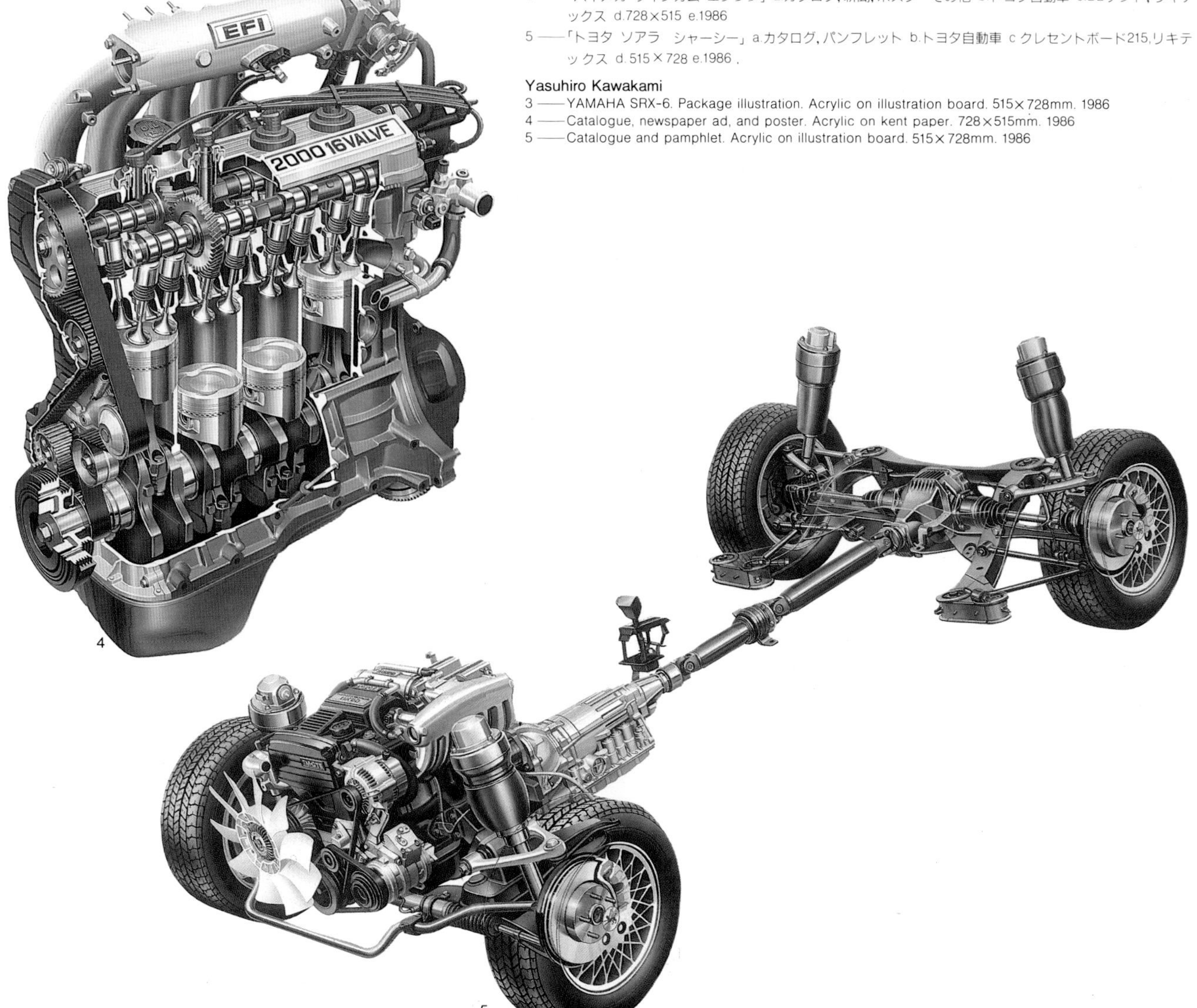

4

5

1

2

斎藤 寿

1 ——a.会社案内表紙 b.川崎製鉄 c.クレセントボード115, リキテックス d.400×300 e.1985

2 ——「TDKカセットハーフ」a.カタログ b.TDK c.イラストレーションボード, リキテックス d.400×300 e. 1985

3 ——「ホンダCBR250」a.ポスター b.本田技研工業 c.クレセントボード115, ガッシュ d.500×600 e.1986

Hisashi Saito

1 ——Pamphlet cover. Acrylic on illustration board. 400×300mm. 1985

2 ——TDK CASSETTE "HALF". Catalogue. Acrylic on illustration board. 400×300mm. 1985

3 ——HONDA CBR250. Poster. Gouache on illustration board. 500×600mm. 1986

3

4

寿福隆志
4 ——「KAWASAKI GPX750R」 a.記者発表用プレスキット b.カワサキオートバイ c.Wトレース,ロットリング+スクリーントーン d.600×600 e.1986

Takashi Jufuku
4 ——KAWASAKI GPX750R. Technical pen and screen tone on tracing-paper. 600×600mm. 1986

1

2

生頼範義
1 ——「戦艦長門型」a.雑誌表紙 b.潮書房 c.クレセントボード,リキテックス d.520×925 e.1986
2 ——「比島沖海戦」a.雑誌表紙 b.潮書房 c.クレセントボード,リキテックス d.520×925 e.1986

Noriyoshi Ohrai
1 ——BATTLE SHIP. Magazine cover. Acrylic on illustration board. 520×925mm. 1986
2 ——A NAVAL BATTLE. Magazine cover. Acrylic on illustration board. 520×925mm. 1986

3

4

高荷義之

3 ——「コンバインド・アームズ」a.シュミレーション・ゲーム b.ツクダ・ホビー c.イラストレーションボード, アクリル d.425×315 e.1986

4 ——「トレード・レーダー」a.シュミレーション・ゲーム b.ツクダ・ホビー c.イラストレーションボード, アクリル d.515×364 e.1985

Yoshiyuki Takani

3 ——COMBINED ARMS. Cover for simulation game. Acrylic on illustration board. 425×315mm. 1986

4 ——TRADE RADER. Cover for simulation game. Acrylic on illustration board. 515×364mm. 1985

1

2

池松 均

1 ——「相模湾のノーチル」a.『朝日理科年鑑』b.朝日新聞社 c.クレセントボード,ガッシュ d.515×364 e.1986

2 ——「ボイジャーと木星」a.教育誌他 b.小学館 c.クレセントボード,ガッシュ d.515×364 e.1986

Hitoshi Ikematsu

1 ——Yearbook on science. Gouache on illustration board. 515×364mm. 1986

2 ——BOYAGER AND JUPITER. Magazine illustration. Gouache on illustration board. 515×364mm. 1986

3

4

野上隼夫

3 ——「浅間丸」 a.船の絵画展 b.船の科学館 c.キャンバス,アクリル d.410×530 e.1986

4 ——「氷川丸」 a.船の絵画展 b.船の科学館 c.キャンバス,アクリル+油彩 d.652×910 e.1986

Hayao Nogami

3 ——ASAMA-MARU. Exhibition. Acrylic on canvas. 410×530mm. 1986

4 ——HIKAWA-MARU. Exhibition. Acrylic and oil on canvas. 652×910mm. 1986

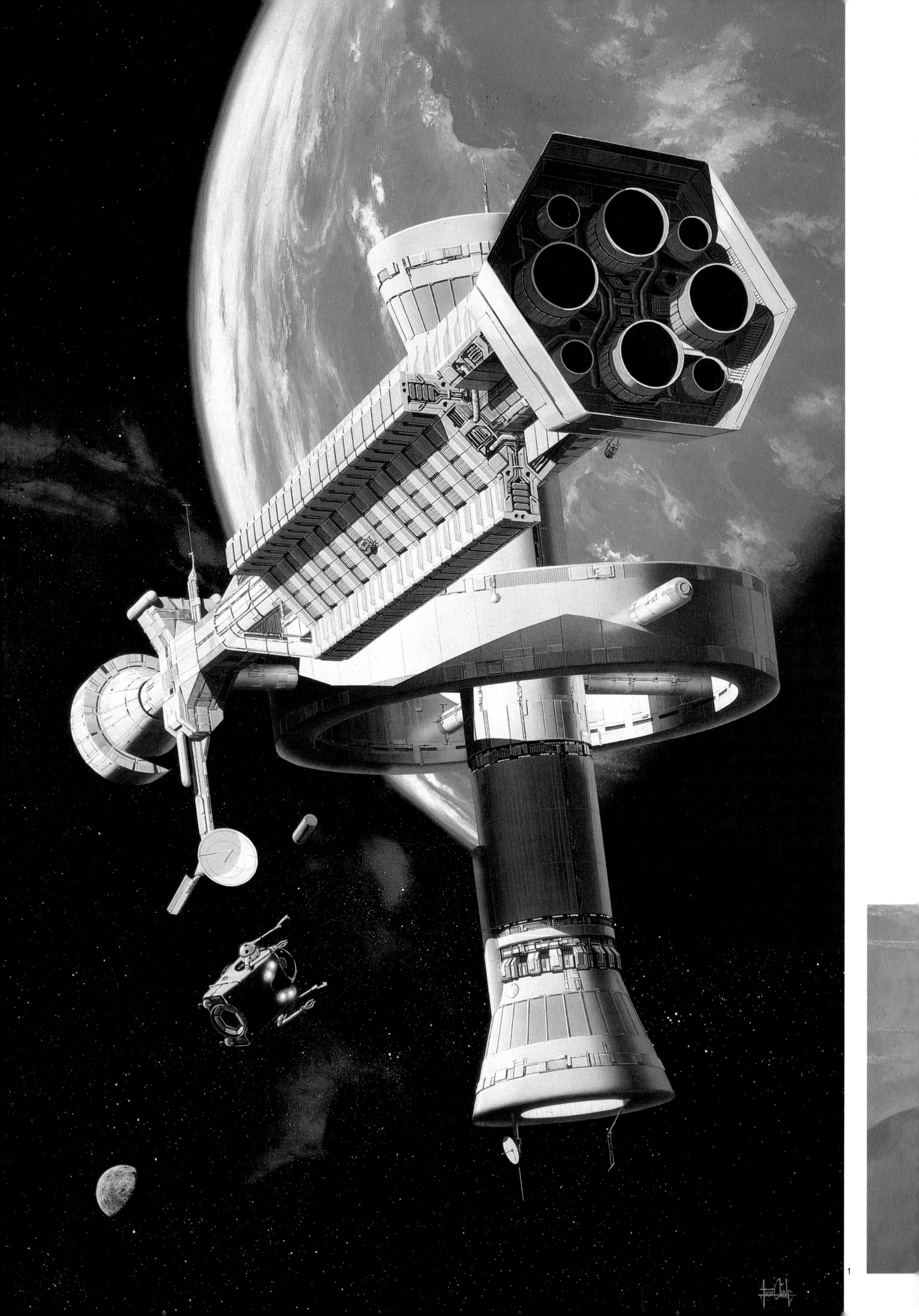

1

3

鶴田一郎

3 ——「へびつかい座ホットライン」 a.文庫表紙 b.早川書房 c.クレセントボード205,リキテックス d.364×257 e.1986

Ichiro Tsuruta

3 ——Book jacket. Acrylic on illustration board. 364×257mm. 1986

2

張 仁誠

1 ——「深宇宙探査船」 a.ポスター b.つくば万博記念財団 c.ベンブリッジ172, リキテックス d.520×760 e.1986

2 ——「氷の海の闘い」 a.雑誌『SFアドベンチャー』 b.徳間書店 c.ベンブリッジ80, リキテックス d.380×520 e.1981

Jinsei Choh

1 ——SPACE EXPLORER. Poster. Acrylic on illustration board. 520×760mm. 1986

2 ——BATTLE UNDER THE ICE. Magazine. Acrylic on illustration board. 380×520mm. 1981

1

2

岩崎賀都彰

1 ——「ミランダ衛星の大絶壁から見る天王星」a.雑誌表紙,カレンダー c.ケントボード,水彩 d.297×420 e.1986

2 ——「新型ルーチェ」a.ポスター b.東洋工業 c.ケントボード,水彩 d.364×515 e.1986 (A.D/松本孝夫 レスポンス合成/山本篤)

Kazuaki Iwasaki

1 ——URANUS. Magazine cover and calendar. Watercolor on illustration board. 297×420mm. 1986

2 ——RUCE. Poster. Watercolor on illustration board. 364×515mm. 1986

1

友利宇景

1 ——「USA.大パノラマ」 a.雑誌「ニュートン」 b.教育社 c.両面マイラーフィルム,リキテックス d.555×815 e.1986

Ukei Tomori

1 ——GRAND PANORAMA OF AMERICA. Magazine illustration. Acrylic on mylar film. 555×815mm. 1986

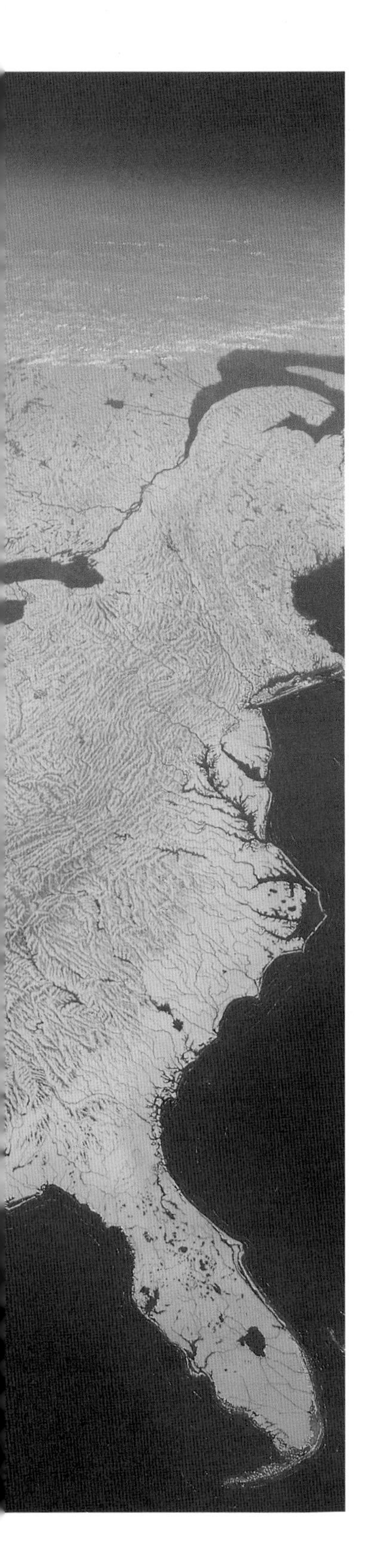

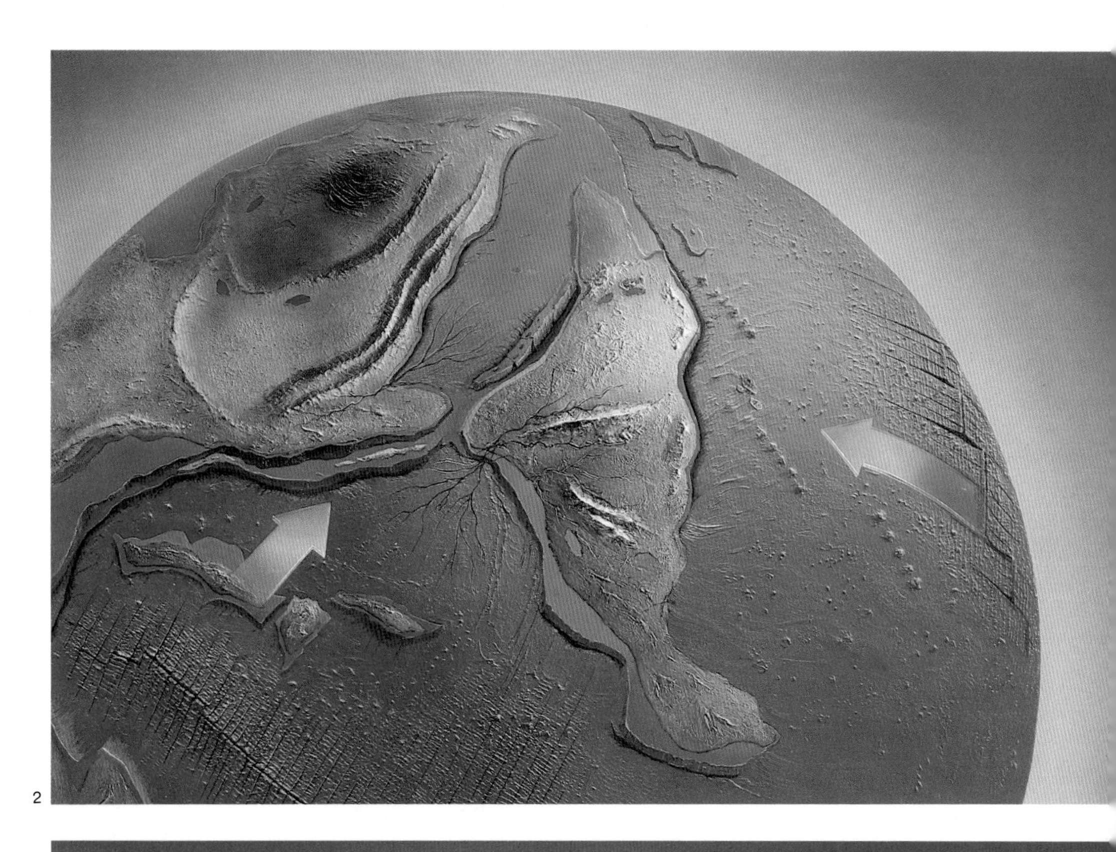

2

3

友田 稔

2 ——「2億年前のアジア大陸」 a.雑誌「ニュートン」 b.教育社 c.スノーマット，アクリルガッシュ d.300×450 e.1986

3 —— a.ポスター b.神立高原スキー場 c.スノーマット，アクリルガッシュ d.364×515 e.1986

Minoru Tomoda

2 —— THE ASIAN CONTINENT OF 200 MILLION B.C. Magazine. Acrylic gouache on illustration board. 300×450mm. 1986

3 —— Poster. Acrylic gouache on illustration board. 364×515mm. 1986

1

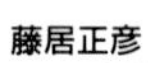

藤居正彦

1 ——「箱根桜庵」a.カタログ b.東京石亭 c.クレセントボード201,リキテックス+カラーインク d.364×515 e.1986

2 ——「日本選手権オートレース」a.ポスター b.日本小型自動車振興会 c.クレセントボード201,リキテックス+カラーインク d.515×728 e.1986

3 ——「PHILIP MORRIS LIGHTS」a.雑誌「ビルボード」b.PHILIP MORRIS INC. c.クレセントボード201,リキテックス d.515×515 e.1986

Masahiko Fujii

1 ——HAKONE OH-AN. Catalogue. Acrylic and color ink on illustration board. 364×515mm. 1986

2 ——AUTO RACE. Poster. Acrylic and color ink on illustration board. 515×728mm. 1986

3 ——PHILIP MORRIS LIGHTS. Magazine illustration. Acrylic on illustration board. 515×515mm. 1986

2

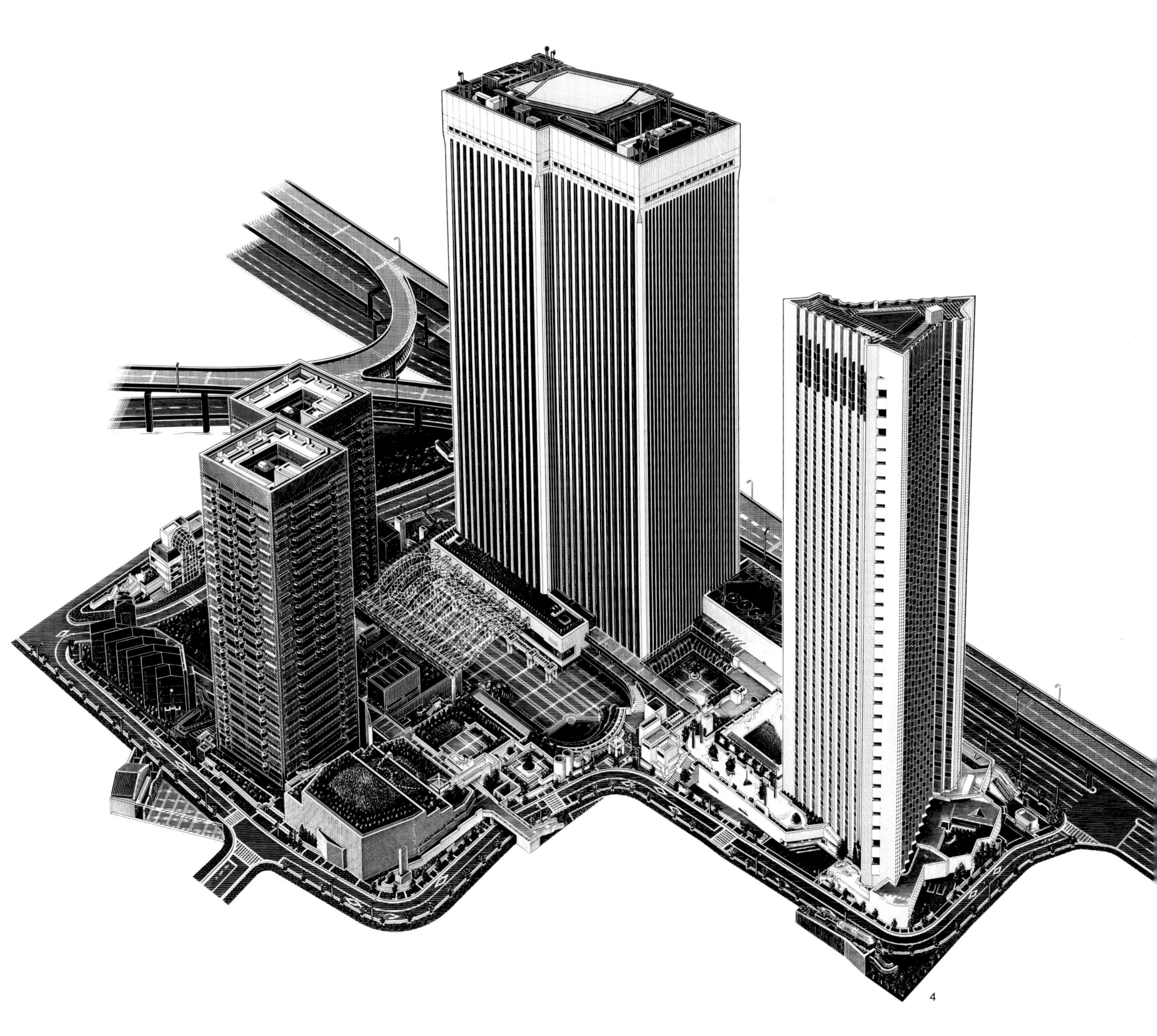

4

橋本浩一
4 ——「アークヒルズ」a.新聞広告 b.森ビル c.イラストレーションボード,墨 d.407×535 e.1986

Hirokazu Hashimoto
4 ——Newspaper ad. Indian ink on illustration board. 407×535mm. 1986

3

1

2

3

黒田文隆

1 ——a.ポスター b.ロイヤルホールヨコハマ c.クレセントボード215, リキテックス d.515×728 e.1985

2 ——a.オリジナル作品 c.クレセントボード215, リキテックス d.420×297 e.1985

3 ——a.パンフレット表紙 b.久慈川カントリークラブ c.クレセントボード, リキテックス d.420×297 e.1986

Fumitaka Kuroda

1 ——Poster. Acrylic on illustration board. 515×728mm. 1986

2 ——Original work. Acrylic on illustration board. 420×297mm. 1985

3 ——Pamphlet cover. Acrylic on illustration board. 420×297mm. 1986

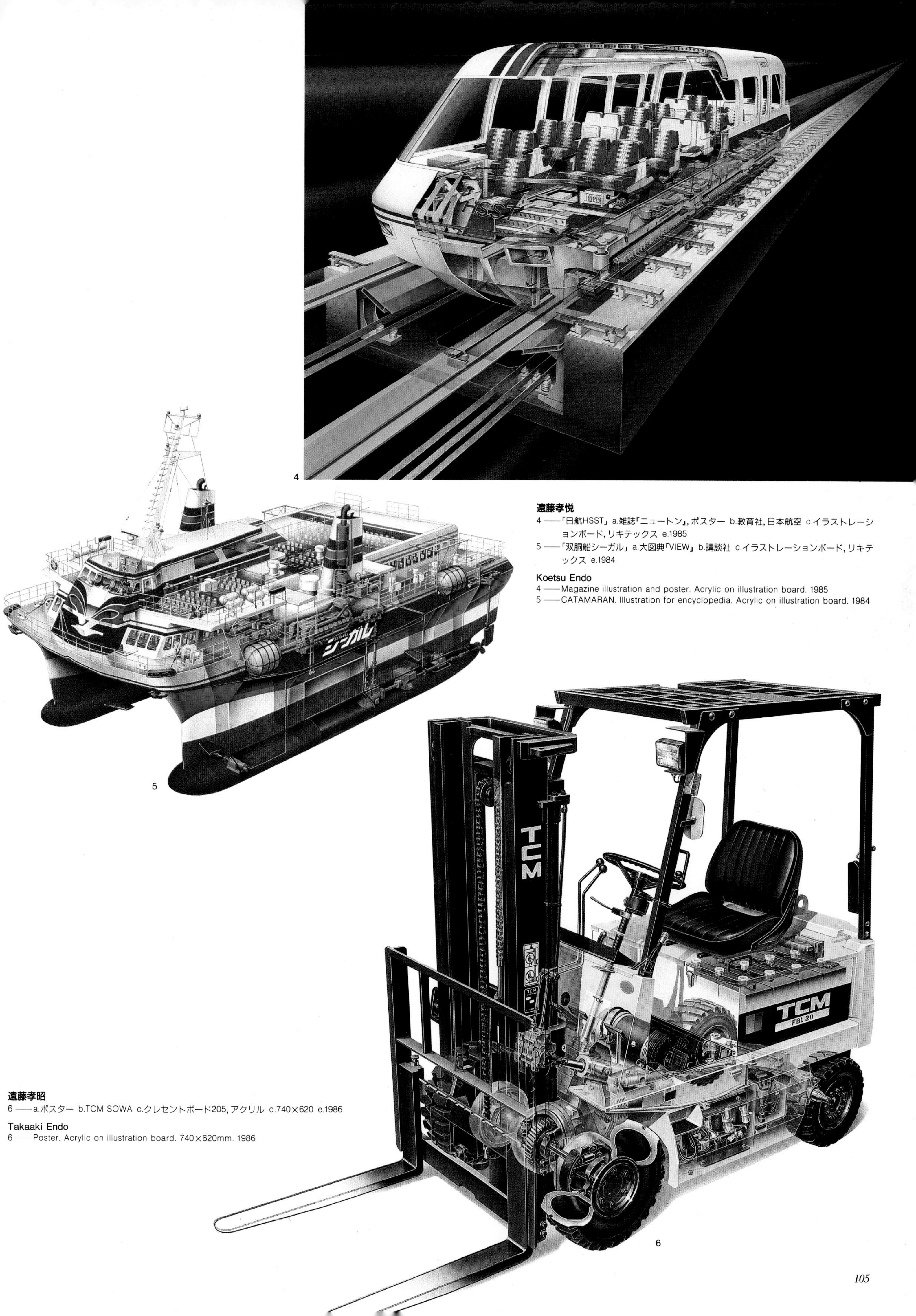

4

5

6

遠藤孝悦

4 ——「日航HSST」a.雑誌「ニュートン」,ポスター b.教育社,日本航空 c.イラストレーションボード,リキテックス e.1985

5 ——「双胴船シーガル」a.大図典「VIEW」b.講談社 c.イラストレーションボード,リキテックス e.1984

Koetsu Endo

4 ——Magazine illustration and poster. Acrylic on illustration board. 1985

5 ——CATAMARAN. Illustration for encyclopedia. Acrylic on illustration board. 1984

遠藤孝昭

6 ——a.ポスター b.TCM SOWA c.クレセントボード205,アクリル d.740×620 e.1986

Takaaki Endo

6 ——Poster. Acrylic on illustration board. 740×620mm. 1986

1

2

矢野冨士嶺

1 ――a.オリジナル作品 c.キャンバス, リキテックス d.380×455 e.1986

2 ――a.カタログ b.日産自動車 c.クレセントボード100, リキテックス d.515×364 e.1986

Fujine Yano

1 ――Original work. Acrylic on canvas. 380×455mm. 1986

2 ――Catalogue. Acrylic on illustration board. 515×364mm. 1986

3

4

斉藤 信

3 ——「カセットテープ」a.雑誌広告 b.フジフィルム c.クレセントボード, リキテックス d.515×364 e.1984

4 ——「ホンダアコード エンジン」a.ポスター, カタログ他 b.ホンダ c.BBケントボード, リキテックス+ロットリング d.728×515 e.1985

Shin Saito

3 —— CASSETTE TAPE. Magazine ad. Acrylic on illustration board. 515×364mm. 1984

4 —— HONDA ACCORD ENGINE. Poster and catalogue. Acrylic and drawing pen on illustration board. 728×515mm. 1985

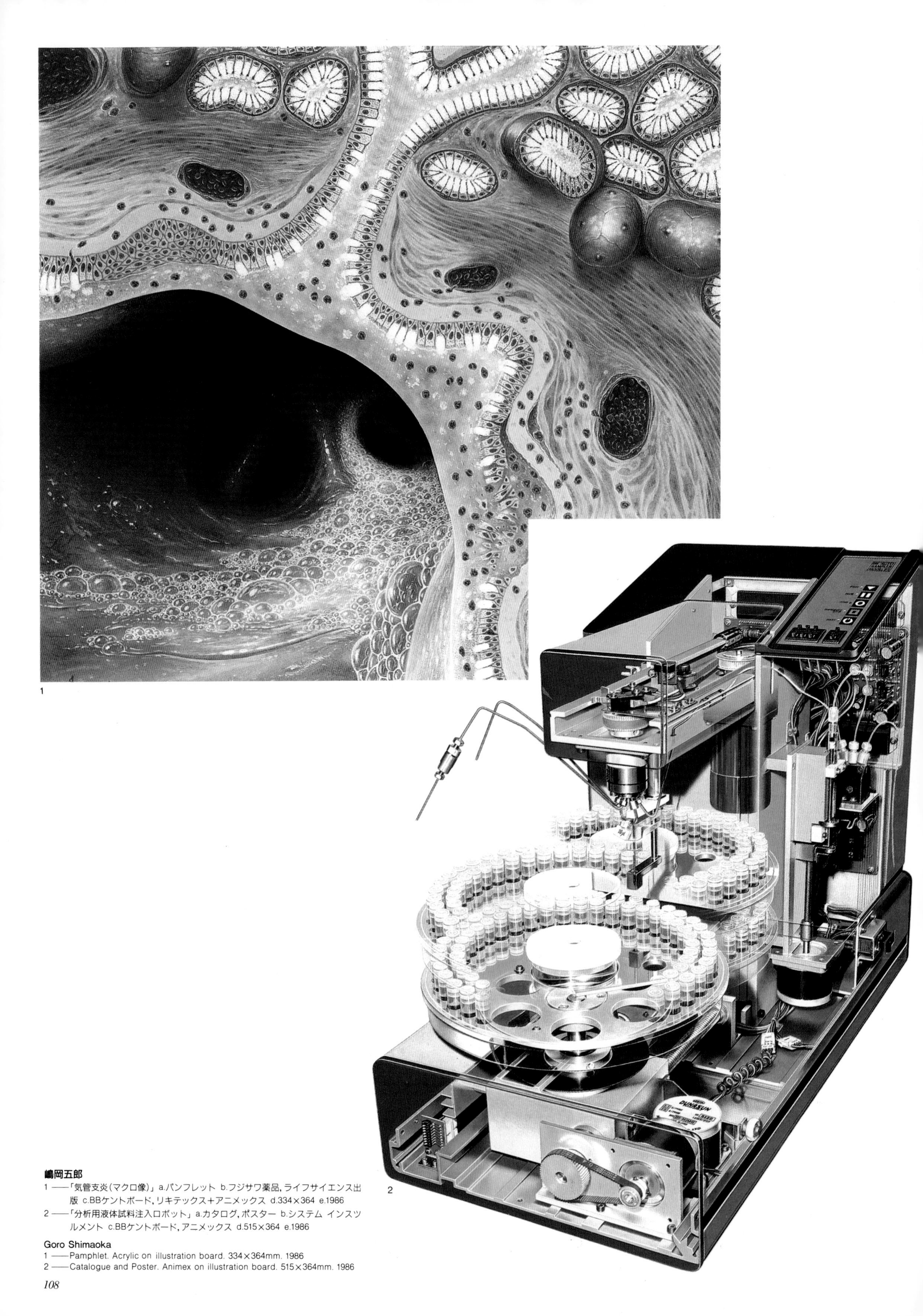

1

2

嶋岡五郎

1 ——「気管支炎(マクロ像)」 a.パンフレット b.フジサワ薬品, ライフサイエンス出版 c.BBケントボード, リキテックス+アニメックス d.334×364 e.1986

2 ——「分析用液体試料注入ロボット」 a.カタログ, ポスター b.システム インスツルメント c.BBケントボード, アニメックス d.515×364 e.1986

Goro Shimaoka

1 ——Pamphlet. Acrylic on illustration board. 334×364mm. 1986

2 ——Catalogue and Poster. Animex on illustration board. 515×364mm. 1986

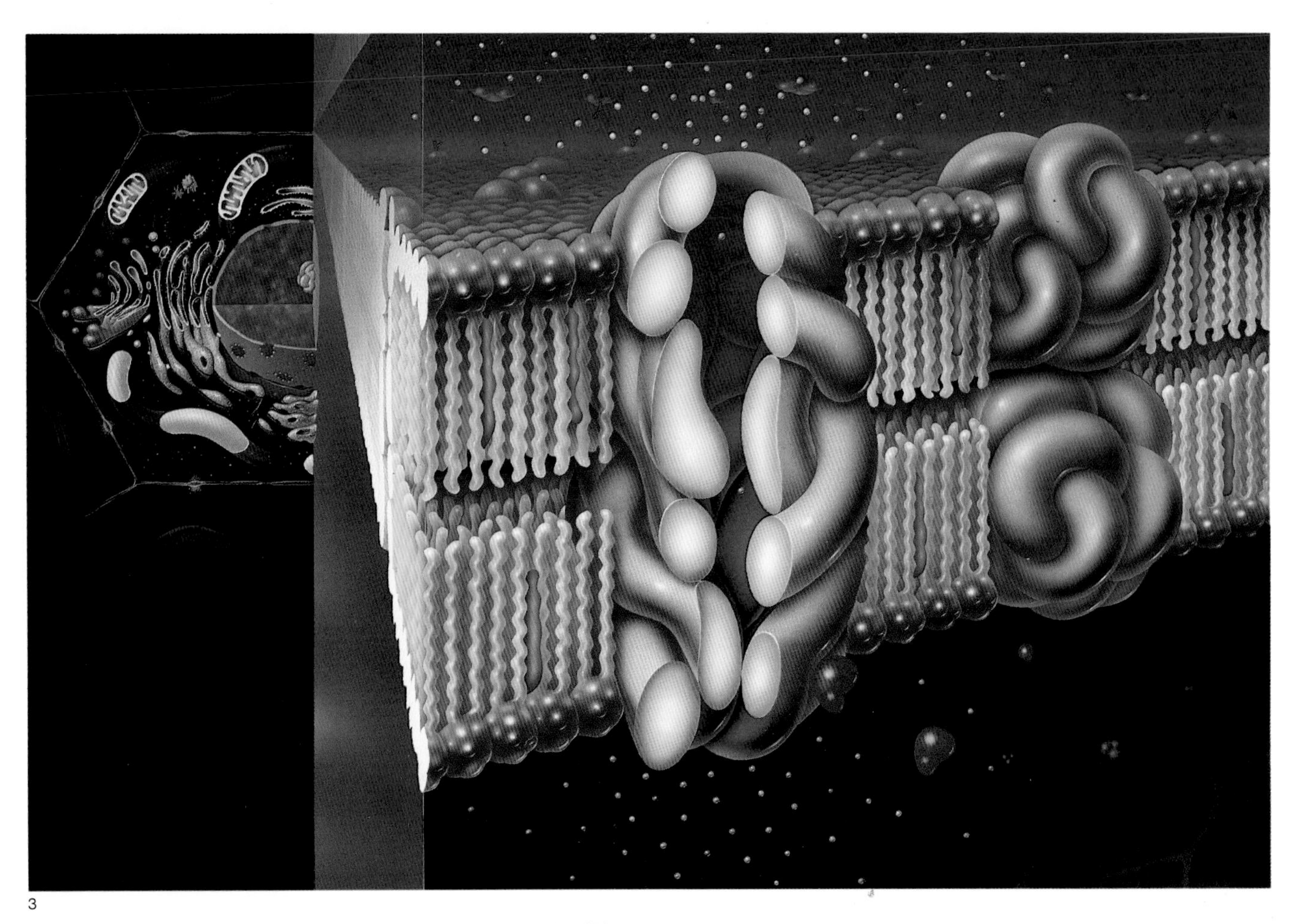

3

門馬朝久
3 ——「細胞膜のはたらき」 a.雑誌「ニュートン」 b.教育社 c.クレセントボード215,リキテックス d.300×445 e.1985

Tomohisa Monma
3 ——Illustration for science magazine. Acrylic on illustration board. 300×445mm. 1985

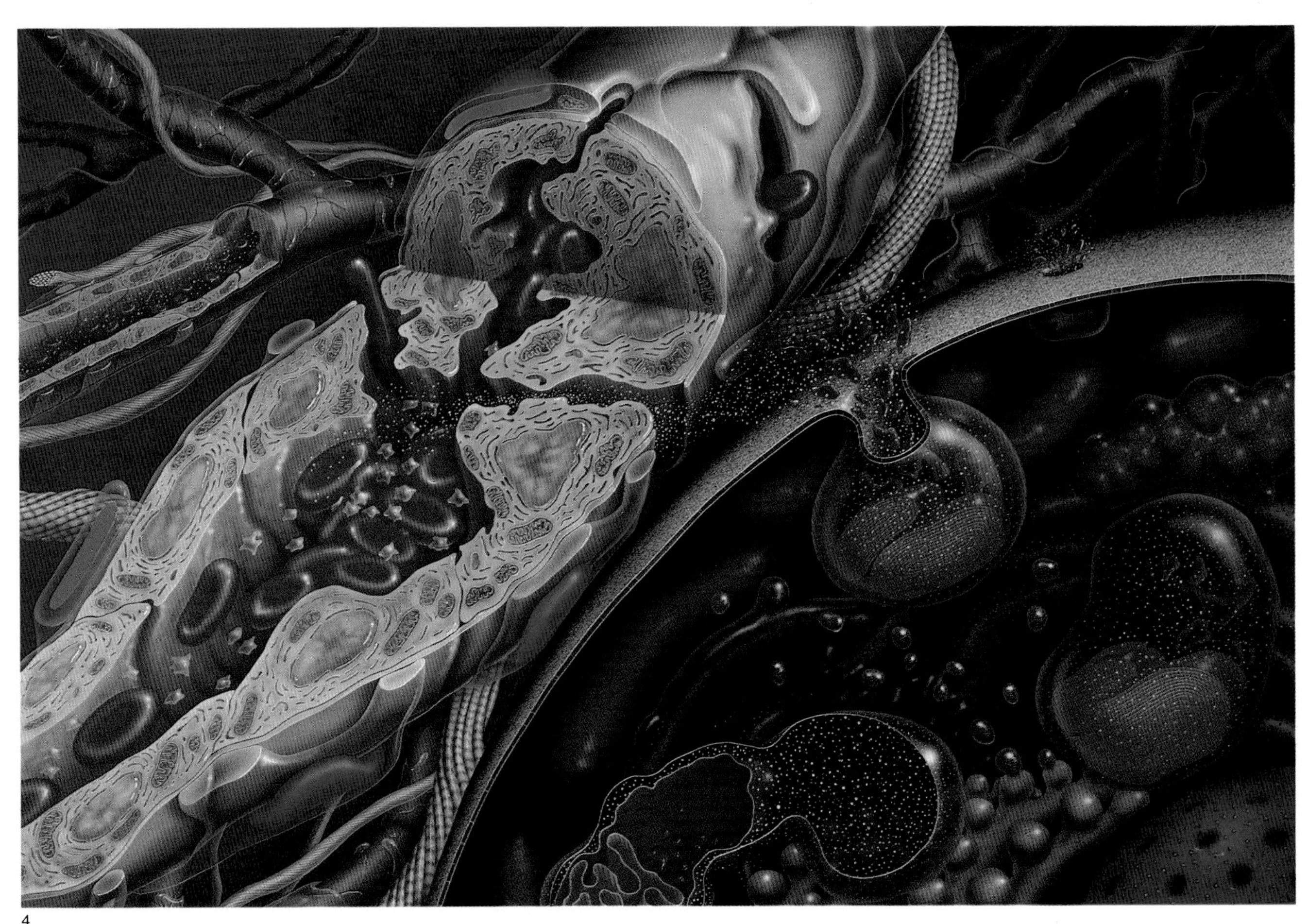

4

金井裕也
4 ——「ラインソーム&ショック」 a.パンフレット b.持田製薬 c.クレセントボード205,リキテックス d.352×505 e.1986

Yuya Kanai
4 ——Pamphlet. Acrylic on illustration board. 352×505mm. 1986

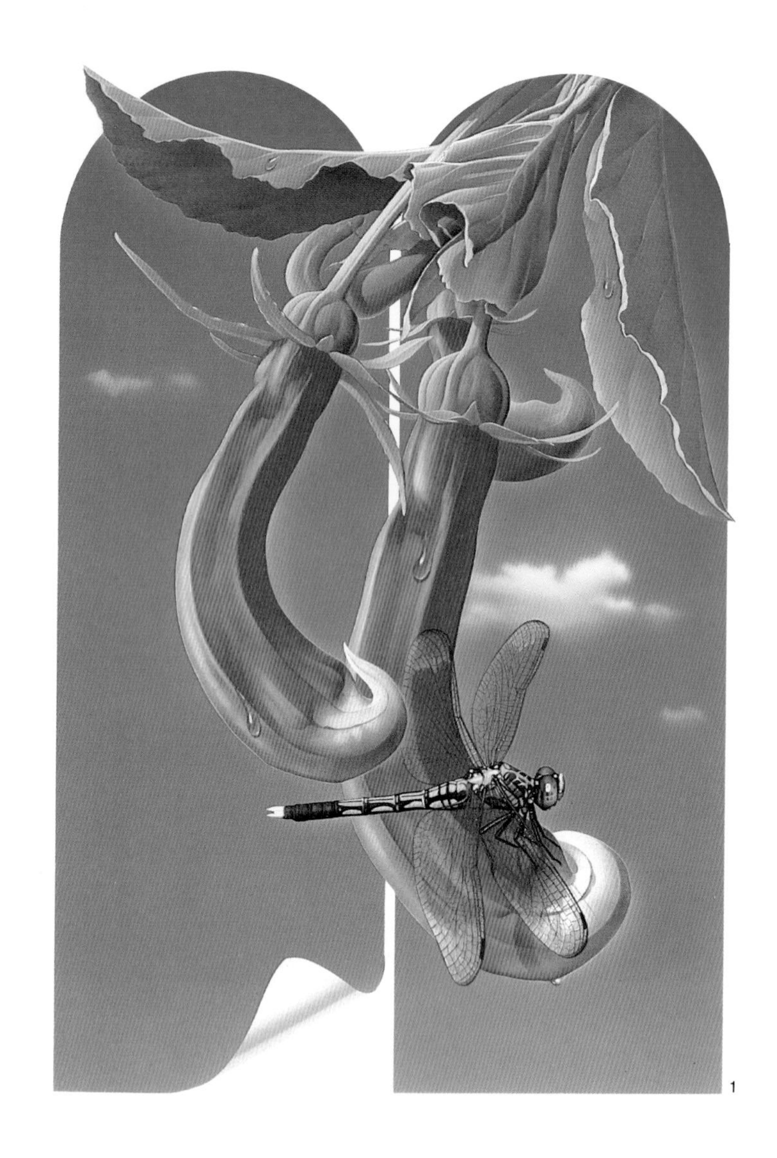

1

3

2

4

6

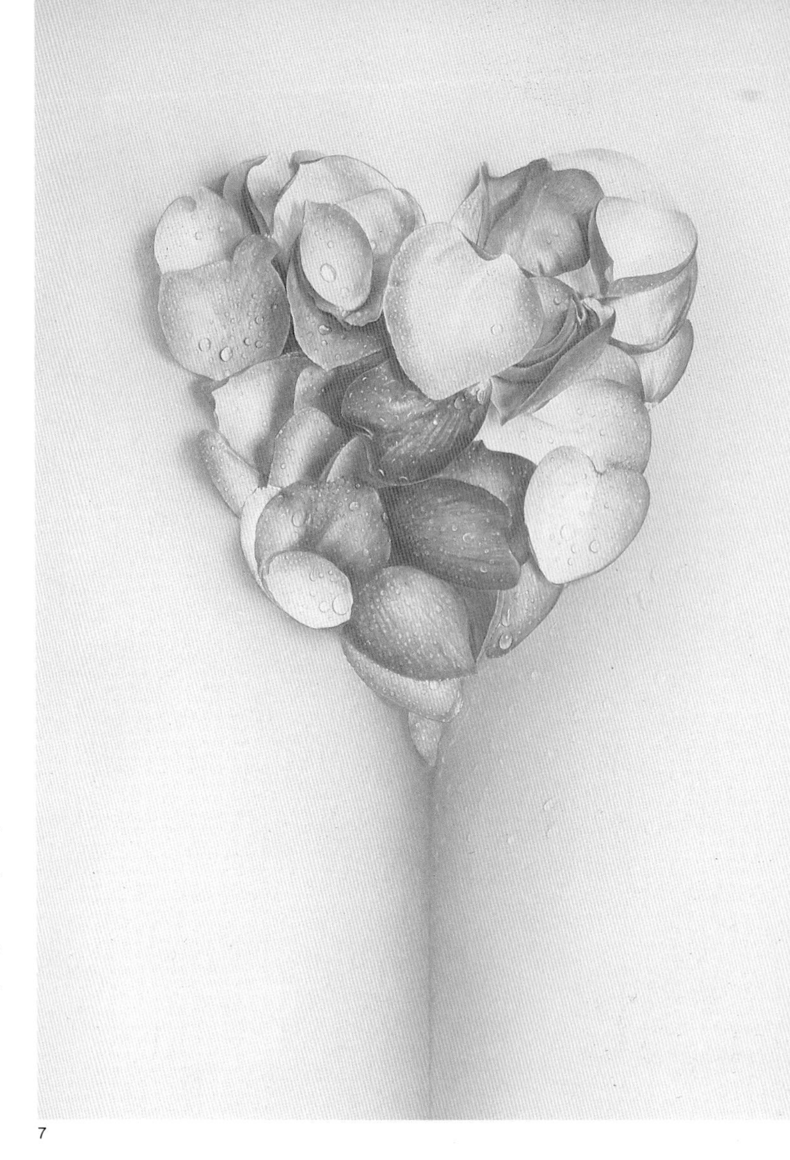

7

森 貞人

6 ——「ハートのフラミンゴ」 a.グリーティングカード b.ベルケルケ社 c.クレセントボード97, アクリル+カラーインク d.364×515 e.1985

7 ——「ハートの花びら」 a.雑誌「エンマ」表紙 b.文藝春秋社 c.クレセントボード97, アクリル+カラーインク d.515×364 e.1986

Sadahito Mori

6 ——FLAMINGO OF HEART. Greeting card. Acrylic and color ink on illustration board. 364×515mm. 1985

7 ——PETAL OF HEART. Magazine cover. Acrylic and color ink on illustration board. 515×364mm. 1986

5

兼子良明

1 ——「花」 a.ポスター b.朝日住宅 c.クレセントボード, リキテックス+カラーインク d.510×360 e.1986

2 ——「魚」 a.ポスター b.朝日住宅 c.クレセントボード, リキテックス+カラーインク d.510×360 e.1985

3 ——「青い麦」 a.ポスター b.朝日住宅 c.クレセントボード, リキテックス+カラーインク d.510×360 e.1984

4 ——「いっぷく」 a.ポスター b.朝日住宅 c.クレセントボード, リキテックス+カラーインク d.510×360 e.1986

5 ——「鳥」 a.ポスター b.朝日住宅 c.クレセントボード, リキテックス+カラーインク d.510×360 e.1986

Yoshiaki Kaneko

1 ——FLOWER. Poster. Acrylic and color ink on illustration board. 510×360mm. 1986

2 ——FISH. Poster. Acrylic and color ink on illustration board. 510×360mm. 1985

3 ——NEW WHEAT. Poster. Acrylic and color ink on illustration board. 510×360mm. 1984

4 ——SMOKE. Acrylic and color ink on illustration board. 510×360mm. 1986

5 ——BIRD. Acrylic and color ink on illustration board. 510×360mm. 1986

1
2
3

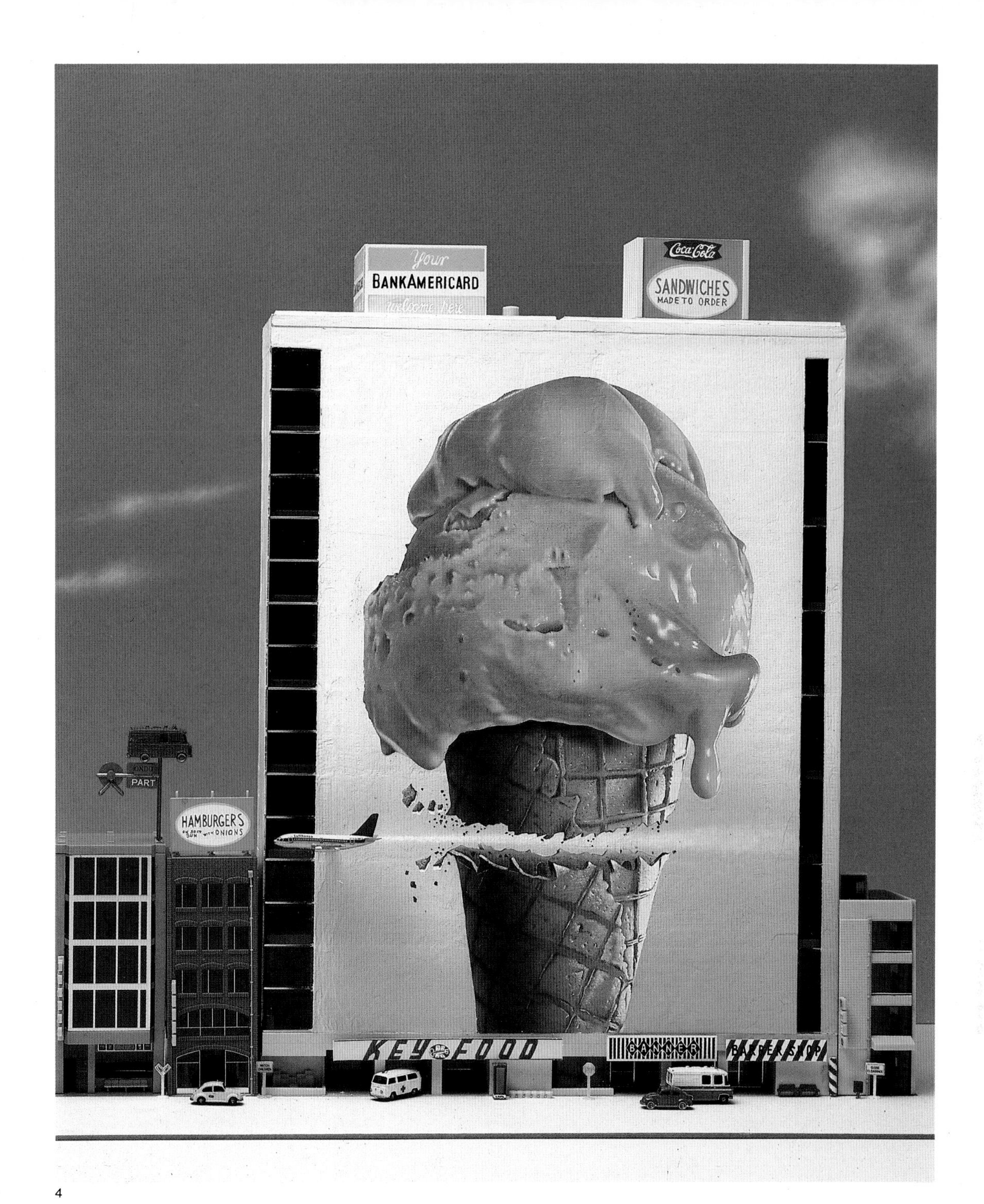

4

佐藤貞夫

4 ――a.画集 c.B全ホリデント+ミニチュアビルディング,リキテックス+ガッシュ d.1030×728 e.1985

Sadao Sato

4 ――Illustration for book. Acrylic and gouache on model building. 1030×728mm. 1985

高村太木

1 ――「コアラ」a.絵本「しぜんのえほん」b.学習研究社 c.イラストレーションボード,カラーインク d. 285×463 e.1984

2 ――「年賀状」a.葉書 b.アド・クリエーター c.イラストレーションボード,カラーインク d.352×256 e.1977

3 ――「ナショナル噴霧器」a.新聞・雑誌広告 b.松下電器 c.イラストレーションボード,カラーインク d.440×650 e.1978

Taki Takamura

1 ――KOALA. Picture book illustration. Color ink on illustration board. 285×463mm. 1984

2 ――HAPPY NEW YEAR. Post card. Color ink on illustration board. 352×256mm. 1977

3 ――SPRAY. Newspaper and magazine ad. Color ink on illustration board. 440×650mm. 1978

1

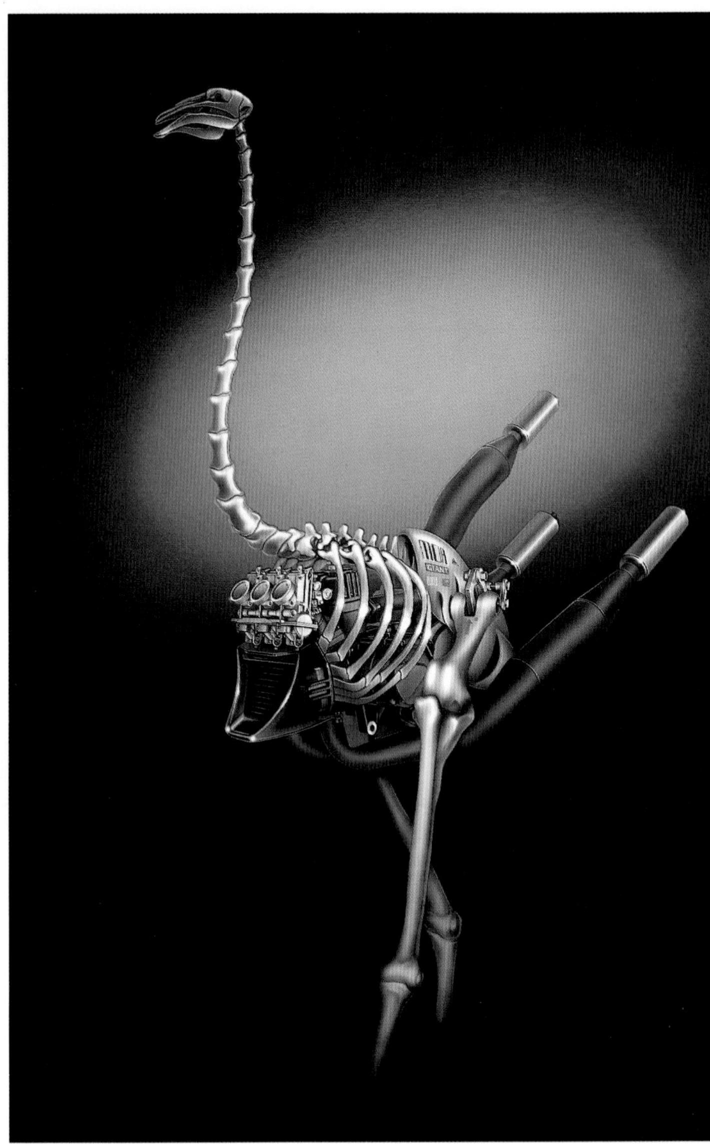

2

3

山崎隆史

1•2 —a.オリジナル作品 c.クレセントボード215, リキテックス d.515×364 e.1985

3 ——「ジャイアント・モア」a.オリジナル作品 c.クレセントボード215, リキテックス d.728×515 e.1986

Takashi Yamazaki

1•2 —Original work. Acrylic on illustration board. 515×364mm. 1985

3 ——Original work. Acrylic on illustration board. 728×515mm. 1986

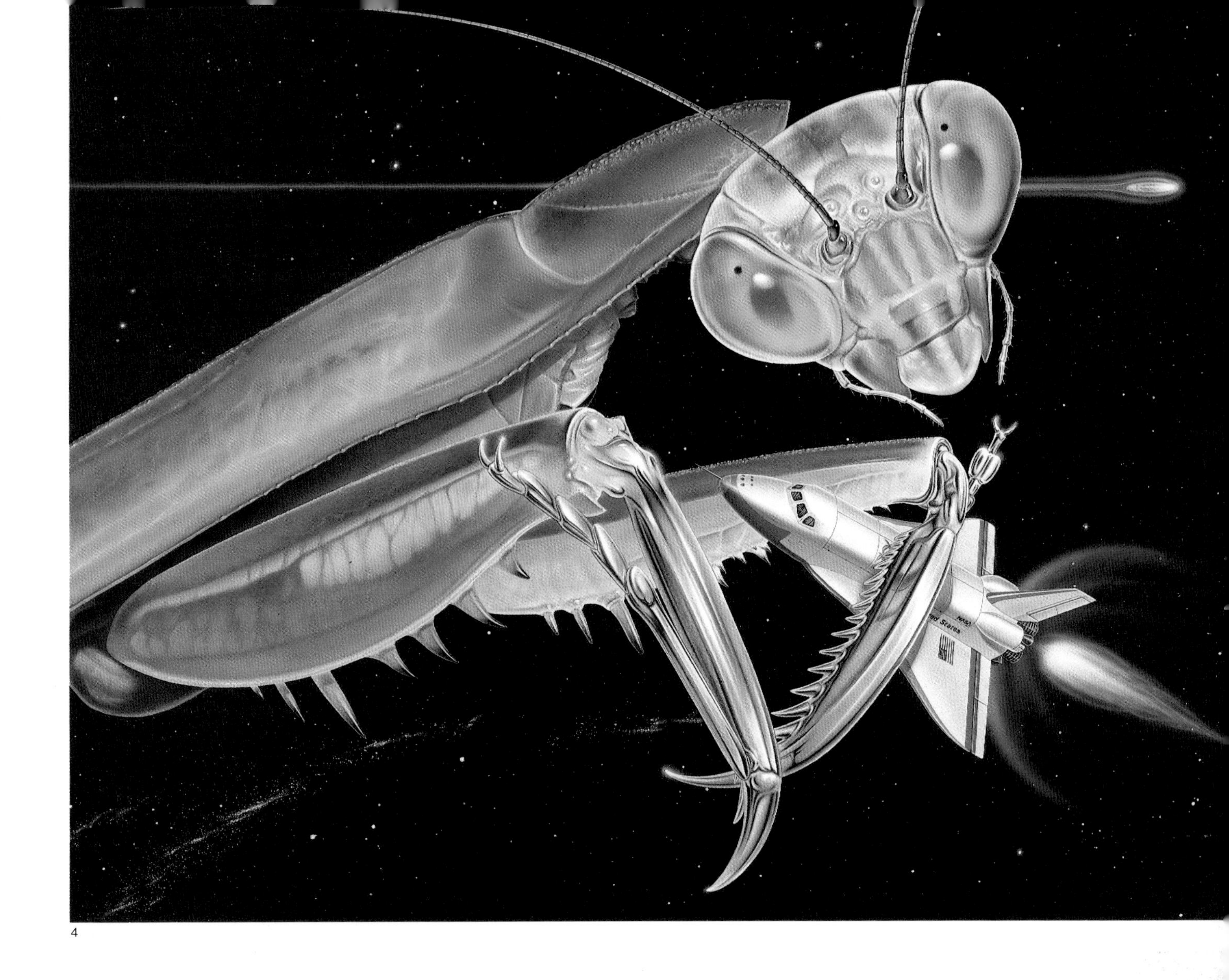

4

5

矢田 明
4 ——a.オリジナル作品 c.クレセントボード215, アクリル d.280×400 e.1983
5 ——a.オリジナル作品 c.クレセントボード215, アクリル d.200×500 e.1983

Akira Yata
4 ——Original work. Acrylic on illustration board. 280×400mm. 1983
5 ——Original work. Acrylic on illùstration board. 200×500mm. 1983

日暮修一

1 ——「ダイアナ妃」 a.雑誌『ビッグコミック』表紙 b.小学館 c.アルシェ, 透明水彩 d.297×210 e.1986

2 ——「邱永漢」 a.雑誌『ビッグコミック』表紙 b.小学館 c.アルシェ, 透明水彩 d.297×210 e.1986

3 ——「高田純次」 a.『ビッグコミック』表紙 b.小学館 c.アルシェ, 透明水彩 d.297×210 e.1986

Shuichi Higurashi

1 ——PRINCESS DIANA. Magazine cover. Watercolor on watercolor paper. 297×210mm. 1986

2•3 —Magazine cover. Watercolor on watercolor paper. 297×210mm. 1986

4

5

佐藤邦雄

4 ——「ぼくのおちんちん」a.書籍カバー b.徳間書店 c.イラストレーションボード, アクリル+ガッシュ d.230×190 e.1986

5 ——「キッス」a.雑誌「モア」b.集英社 c.イラストレーションボード, アクリル+ガッシュ d.450×300 e.1986

Kunio Sato

4 —— Book jacket. Acrylic and gouache on illustration board. 230×190mm. 1986

5 —— Magazine illustration. Acrylic and gouache on illustration board. 450×300 mm. 1986

1

2

3

村松 誠

1 ——「モーニングコーヒー(キジネコ)」a.雑誌『ビッグコミックオリジナル』表紙 b.小学館 c.クレセントボード215, アクリル+カラーインク d.375×268 e.1986

2 ——「でも紙が好き」a.新聞広告 b.グローリー工業(株) c.クレセントボード215, アクリル+インク d.455×320 e.1986

3 ——「Mr.ティア・ドロップ」a.雑誌『ビッグコミックオリジナル』表紙 b.小学館 c.クレセントボード215, アクリル+カラーインク d.375×268 e.1986

Makoto Muramatsu

1 ——MORNING COFFEE. Magazine cover. Acrylic and color ink on illustration board. 375×268mm. 1986

2 ——BUT I LIKE PAPER. Newspaper ad. Acrylic and ink on illustration board. 455×320mm. 1986

3 ——MR. TEAR-DROP. Magazine cover. Acrylic and color ink on illustration board. 375×268mm. 1986

井川友晴

4 ——「千両箱」 a.ポスター b.ミスタードーナツ c.イラストレーションボード, アクリル d.290×400 e.1985
5 ——「ブルテリア」 a.ポスター b.リクルート c.イラストレーションボード, アクリル b.360×330 e.1985

Tomoharu Ikawa

4 ——Poster. Acrylic on illustration board. 290×400mm. 1985
5 ——Poster. Acrylic on illustration board. 360×330mm. 1985

4

5

1

2

3

飯田正美
3 ——a.雑誌「リイドコミック」表紙 b.リイド社 c.クレセントボード, リキテックス d.515×364 e.1986

Masami Iida
3 ——Magazine cover. Acrylic on illustration board. 515×364mm. 1986

袴田一夫
1 ——a.オリジナル作品 c.クレセントボード205, リキテックス d.270×480 e.1985
2 ——a.オリジナル作品 c.クレセントボード205, リキテックス d.515×728 e.1986

Kazuo Hakamada
1 ——Original work. Acrylic on illustration board. 270×480mm. 1985
2 ——Original work. Acrylic on illustration board. 515×728mm. 1986

1

2

戸川郁夫
1 ──「きつねうどん」 a.未発表 b.製麺会社 c.クレセントボード215,アクリル d.381×508 e.1985
2 ──a.オリジナル作品 c.クレセントボード,アクリル d.381×508 e.1985

Ikuo Togawa
1 ──Unpublished work. Acrylic on illustration board. 381×508mm. 1985
2 ──Original work. Acrylic on illustration board. 381×508mm. 1985

3

4

国米豊彦
3 ——a.オリジナル作品 c.イラストレーションボード，アクリル d.350×490
4 ——a.オリジナル作品 c.イラストレーションボード，アクリル d.320×425

Toyohiko Kokumai
3 ——Original work. Acrylic on illustration board. 350×490mm.
4 ——Original work. Acrylic on illustration board. 320×425mm.

1

2

松井伸佳
1 ——a.オリジナル作品 c.クレセントボード100, リキテックス d.273×196 e.1984
2 ——a.オリジナル作品 c.フナムラ中目キャンバスボード, リキテックス d.285×375 e.1986

Nobuyoshi Matsui
1 ——Original work. Acrylic on illustration board. 273×196mm. 1984
2 ——Original work. Acrylic on illustration board. 285×375mm. 1986

3

4

伊藤一穂

3 ——「ムーンフェイス」 a.雑誌「オムニ」 b.旺文社 c.クレセントボード110, リキテックス d.294×295 e.1984

4 ——「ポンポン蒸気船」 a.カレンダー b.ホンダ c.クレセントボード115, リキテックス d.350×533 e.1984

Kazuho Itoh

3 ——MOON FACE. Illustration for science magazine. Acrylic on illustration board. 294×295mm. 1985

4 —— Calendar. Acrylic on illustration board. 350×533mm. 1984

1

岡本滋夫
1 ——a.カレンダー b.ナショナル住宅 c.BBケント,ガッシュ d.400×400 e.1985

Shigeo Okamoto
1 ——Calendar. Gouache on kent paper. 400×400mm. 1985

2

3

家田資久

2 ——a.雑誌「シンクタンク」表紙 b.メイテック c.イラストレーションボード,アクリル d.235×250 e.1986

3 ——a.オリジナル作品 c.イラストレーションボード,アクリル d.515×364 e.1986

Motohisa Ieda

2 ——Magazine cover. Acrylic on illustration board. 235×250mm. 1986

3 ——Original work. Acrylic on illustration board. 515×364mm. 1986

1

2

ナカムラ テルオ
1 ——a.雑誌広告 b.岡本理研 c.印画紙,リキテックス d.300×260 e.1978
2 ——a.書籍カバー b.集英社 c.印画紙,リキテックス d.200×170 e.1984

Teruo Nakamura
1 ——Magazine ad. Acrylic on print. 300×260mm. 1978
2 ——Book jacket. Acrylic on print. 200×170mm. 1984

3

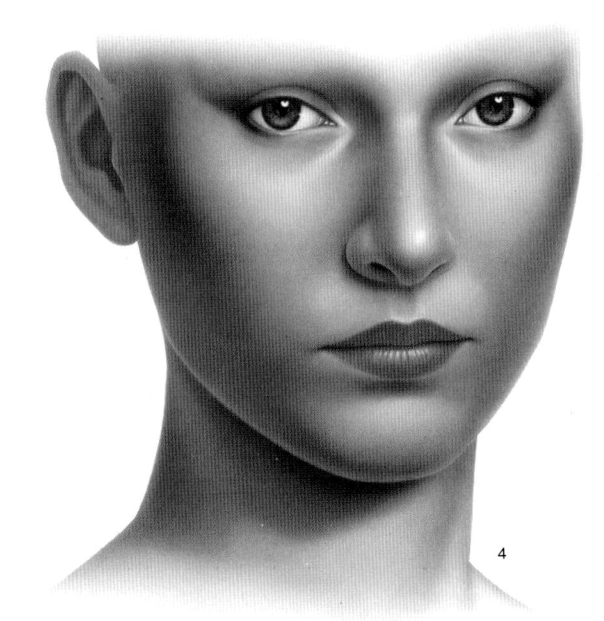

4

たぶき正博

3 ——「トマト」a.パンフレット表紙 b.カゴメ c.クレセントボード310, リキテックス d.515×364 e.1986

4 ——「顔」a.雑誌表紙 b.ビーイング c.クレセントボード310, リキテックス+カラーインク d.515×364 e.1984

Masahiro Tabuki

3 ——TOMATO. Pamphlet cover. Acrylic on illustration board. 515×364mm. 1986

4 ——FACE. Cover for science magazine. Acrylic and color ink on illustration board. 515×364mm. 1984

1

2

3

松永 順

1 ——a.オリジナル作品 c.クレセントボード310, リキテックス d.515×364 e.1983
2 ——a.オリジナル作品 c.クレセントボード310, リキテックス d.515×364 e.1984
3 ——a.オリジナル作品 c.クレセントボード215, リキテックス d.515×364 e.1984

Jun Matsunaga
1 ——Original work. Acrylic on illustration board. 515×364mm. 1983
2•3 —Original work. Acrylic on illustration board. 515×364mm. 1984

5

4

6

黒木 博

4 ——「ENDLESS　TIME」a.オリジナル作品 c.クレセントボード260, リキテックス d.515×364 e.1983

5 ——a.オリジナル作品 c.クレセントボード260, ガッシュ d.339×232 e.1986

6 ——a.オリジナル作品 c.クレセントボード260, ガッシュ d.339×232 e.1986

Hiroshi Kuroki

4 ——ENDLESS TIME. Original work. Acrylic on illustration board. 515×364mm. 1983

5•6 —Original work. Gouache on illustration board. 339×232mm. 1986

1

山下芳郎
1 ——a.ポスター b.ワーナーパイオニア c.イラストレーションボード, ゴールドプレス d.728×515 e.1986

Yoshiro Yamashita
1 ——Poster. Gold press on illustration board. 728×515mm. 1986

2

3

加藤直之

2 ——「フライング・オブジェクト」 a.オリジナル作品 c.キャンバス, リキテックス d.727×606 e.1985

3 ——「造物主の掟」 a.書籍カバー b.創元社 c.クレセントボード, リキテックス d.315×447 e.1985

Naoyuki Kato

2 ——FLYING OBJECT. Original work. Acrylic on canvas. 727×606mm. 1985

3 ——Book jacket. Acrylic on illustration board. 315×447mm. 1985

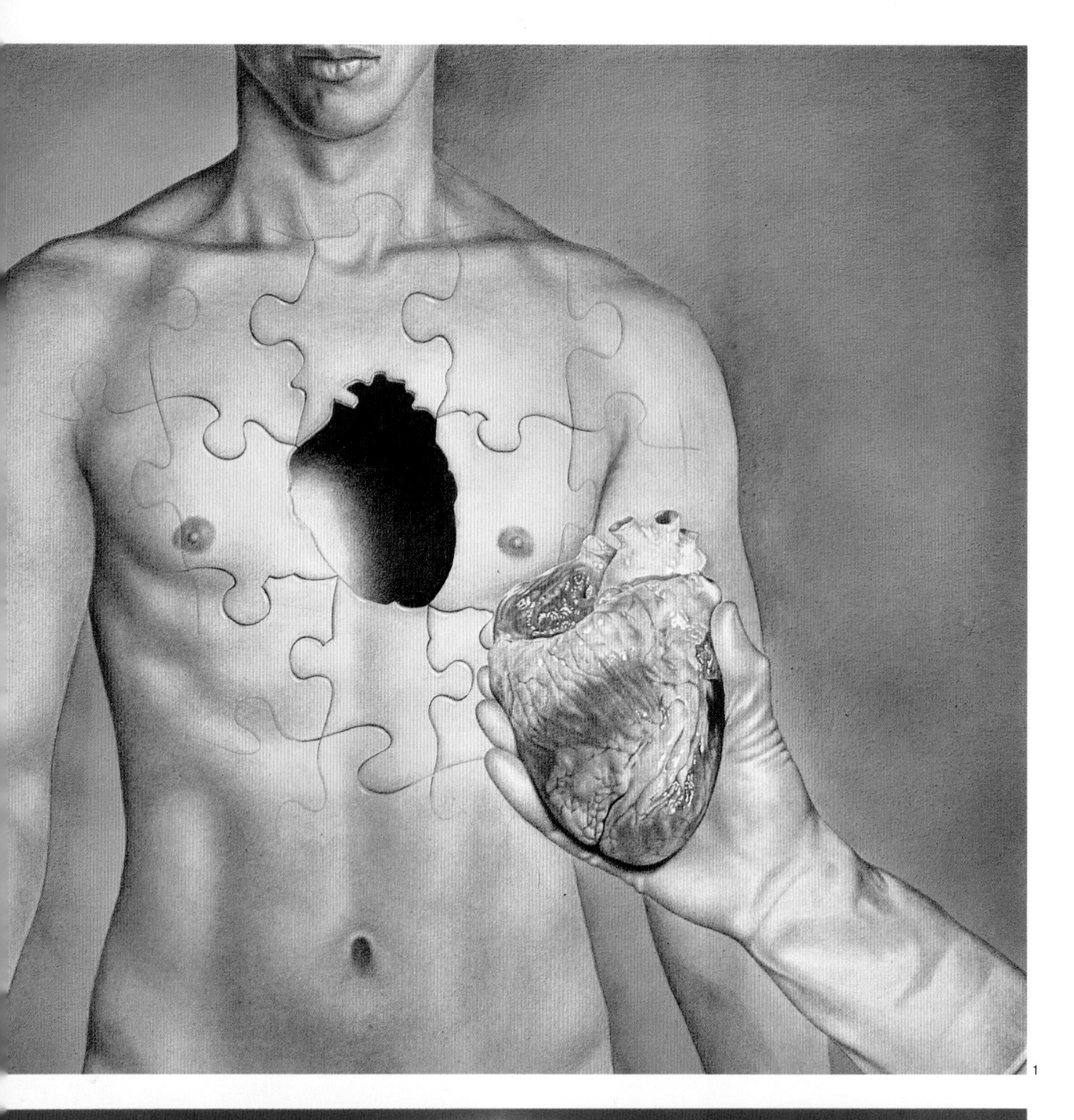

1

2

小泉孝司

1 —— a.雑誌「プレイボーイ」 b.集英社 c.イラストレーションボード，リキテックス d.285×285 e.1985

2 —— a.エディトリアル b.学習研究社 c.イラストレーションボード，リキテックス d.315×360 e.1984

Takashi Koizumi

1 —— Magazine illustration. Acrylic on illustration board. 285×285mm. 1985

2 —— Editorial. Acrylic on illustration board. 315×360mm. 1984

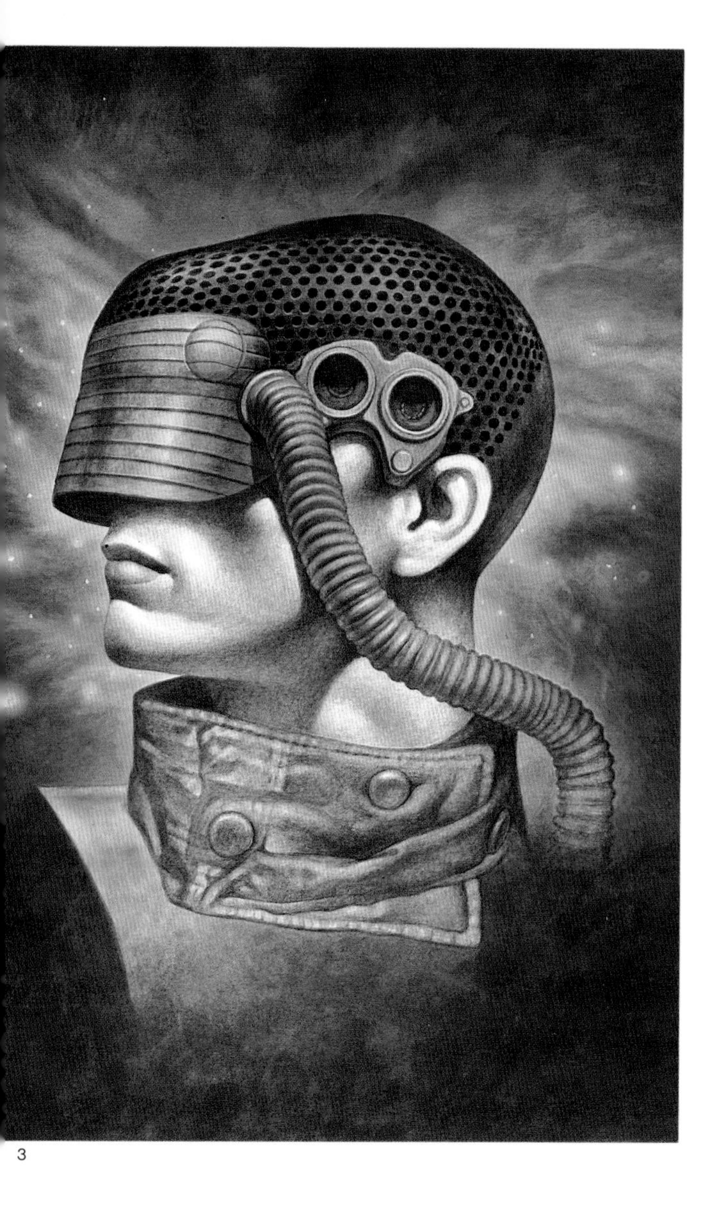

3

4

角田純男
3 ——「サイキック戦争」a.書籍カバー b.講談社 c.イラストレーションボード, アクリル d.280×155 e.1986
4 ——「殺意の惑星」a.文庫カバー b.新潮社 c.イラストレーションボード, アクリル d.350×240 e.1986

Sumio Tsunoda
3 ——Book jacket. Acrylic on illustration board. 280×155mm. 1986
4 ——Book jacket. Acrylic on illustration board. 350×240mm. 1986

1

3

2

磯野宏夫

1 ——a.オリジナル作品 c.キャンバスボード,リキテックス d.445×530 e.1985
2 ——a.オリジナル作品 c.キャンバスボード,リキテックス d.455×530 e.1982
3 ——a.オリジナル作品 c.キャンバスボード,リキテックス d.530×455 e.1983

Hiroo Isono

1 ——Original work. Acrylic on illustration board. 455×530mm. 1985
2 ——Original work. Acrylic on illustration board. 455×530mm. 1982
3 ——Original work. Acrylic on illustration board. 530×455mm. 1983

4

5

末弥 純

4 ——「バルバロイの夢」a.新書・口絵 b.角川書店 c.キャンバスボード, リキテックス d.422×365 e.1985

5 ——「迷宮」a.ソフト・パッケージ b.アスキー c.キャンバスボード, リキテックス d.460×362 e.1986

Jun Suemi

4 ——THE DREAM OF BARBAROY. Book illustration. Acrylic on illustration board. 422×365mm. 1985

5 ——Package Illustration for computer software. Acrylic on illustration board. 460×362mm. 1986

1

2

3

野間夏男
3 ——a.オリジナル作品 c.クレセントボード205, アクリル+ガッシュ d.1030×728 e.1984

Natsuo Noma
3 ——Original work. Acrylic and gouache on illustration board. 1030×728mm. 1984

寺田 敬
1 ——「スペース インベーダー」 a.ポスター b.日本ヘラルド映画 c.クレセントボード260, リキテックス d.515×728 e.1986
2 ——「スペース バンパイア」 a.ポスター b.日本ヘラルド映画 c.クレセントボード260, リキテックス d.515×728 e.1985

Takashi Terada
1 ——INVADER FROM MARS. Poster. Acrylic on illustration board. 515×728mm. 1986
2 ——LIFE FORCE. Poster. Acrylic on illustration board. 515×728mm. 1985

1

2

橘田幸雄

1 —— a.『メガ』イラスト b.講談社 c.マットサンダース,カラーインク d.420×594 e.1984

2 —— a.『メガ』イラスト b.講談社 c.マットサンダース,カラーインク d.594×420 e.1984

Yukio Kitta

1 —— Illustration for science encyclopedia. Color ink on illustration board. 420×594mm. 1984

2 —— Illustration for science encyclopedia. Color ink on illustration board. 594×420mm. 1984

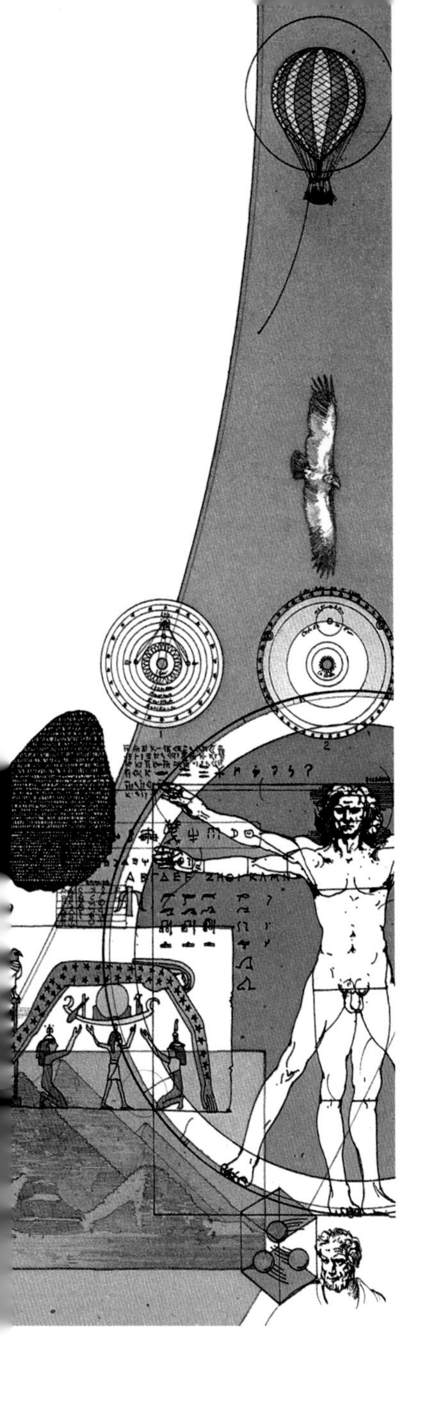

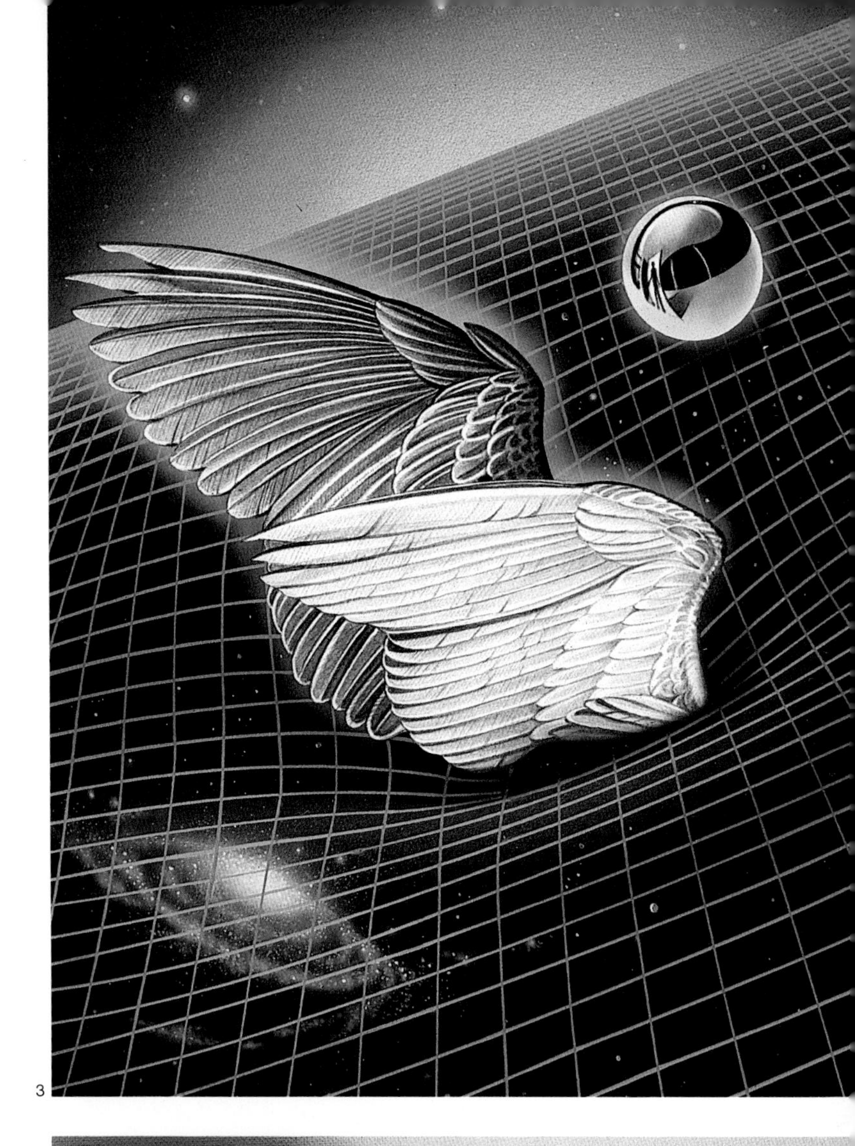

3

4

野中 昇

3 ——「時の門」 a.書籍カバー b.早川書房 c.クレセントボード，リキテックス d.300×190 e.1985

4 ——「ベルリンで愛した女」 a.書籍カバー b.早川書房 c.キャンバス，リキテックス d.310×200 e.1984

Noboru Nonaka

3 ——Book jacket. Acrylic on illustration board. 300×190mm. 1985

4 ——Book jacket. Acrylic on canvas. 310×200mm. 1984

1

2

3

瀬戸 照

1 ——「葡萄」 a.雑誌「現代思想」表紙 b.青土社 c.BBケント，リキテックス d.120×90 e.1986

2 ——「石」 a.雑誌「現代思想」表紙 b.青土社 c.BBケント，リキテックス d.90×95 e.1986

3 ——「わさび」 a.雑誌「現代思想」表紙 b.青土社 c.BBケント，リキテックス d.120×95 e.1986

Akira Seto

1 ——GRAPE. Magazine cover. Acrylic on kent paper. 120×90mm. 1986

2 ——STONE. Magazine cover. Acrylic on kent paper. 90×95mm. 1986

3 ——HORSERADISH. Magazine cover. Acrylic on kent paper. 120×95mm. 1986

赤 勘兵衛
4 ——「動物シリーズ」 a.新聞 b.ダイナーズ c.クレセントボード，リキテックス d.580×420 e.1985

Kanbei Seki
4 ——Newspaper ad. Acrylic on illustration board. 580×420mm. 1985

4

1

森上義孝

1 ——「サメはどうして人をおそうの」 a.書籍「知育ずかん」 b.学習研究社 c.クレセントボード、アクリル d.365×470 e.1983

2 ——「帰ってきたねカワセミくん」 a.ポスター b.東京都下水道局 c.キャンバス、アクリル d.660×500 e.1986

Yoshitaka Moriue

1 ——Book illustration. Acrylic on illustration board. 365×470mm. 1983

2 ——Poster. Acrylic on canvas. 660×500mm. 1986

2

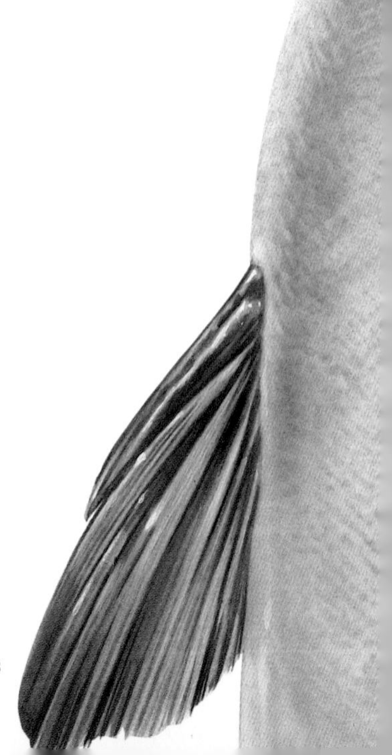

3

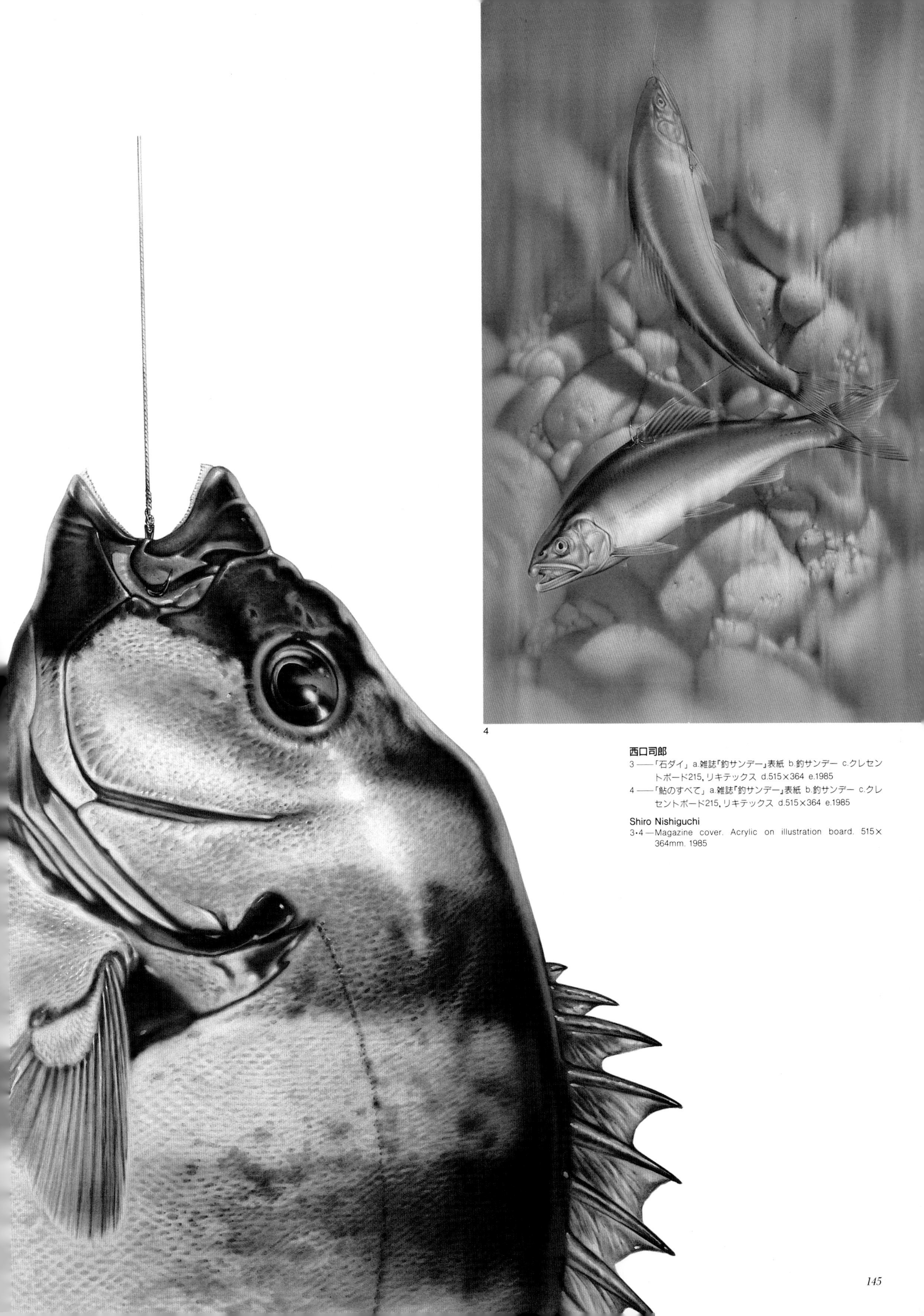

4

西口司郎
3 ——「石ダイ」a.雑誌「釣サンデー」表紙 b.釣サンデー c.クレセントボード215, リキテックス d.515×364 e.1985
4 ——「鮎のすべて」a.雑誌「釣サンデー」表紙 b.釣サンデー c.クレセントボード215, リキテックス d.515×364 e.1985

Shiro Nishiguchi
3•4 —Magazine cover. Acrylic on illustration board. 515×364mm. 1985

1

2

笠松 遊

1 ——a.雑誌表紙 b.桃園書房 c.クレセントボード310, リキテックス d.364×515 e.1985

2 ——a.雑誌表紙 b.桃園書房 c.クレセントボード310, リキテックス d.364×515 e.1986

Yu Kasamatsu

1 ——Magazine cover. Acrylic on illustration board. 364×515mm. 1985

2 ——Magazine cover. Acrylic on illustration board. 364×515mm. 1986

内田 進

3 ——「ヒラマサ」 a.カタログ b.ダイワ精工 c.クレセントボード，リキテックス d.364×515 e.1980

4 ——「ヤマメ」 a.雑誌「源流行」 b.双葉社 c.クレセントボード，リキテックス d.364×515 e.1980

Susumu Uchida

3 ——Catalogue. Acrylic on illustration board. 364×515mm. 1980

4 ——Magazine illustration. Acrylic on illustration board. 364×515mm. 1980

1

内藤貞夫
1・2 —a.雑誌「ニュートン」カレンダー b.教育社 c.イラストレーションボード, アクリル+ガッシュ d.515×728 e.1985

Sadao Naito
1・2 —Calendar. Acrylic and gouache on illustration board. 515×728mm. 1985

3

米津景太
3・4 —「動物の家族」a.絵本 b.フレーベル館 c.イラストレーションボード, リキテックス d.195×420 e.1986

Keita Yonezu
3・4 —ANIMAL FAMILY. Illustration for picture book. Acrylic on illustration board. 195×420mm. 1986

2

4

1

2

寺越慶司

1 ——「オコジョに襲われる野兎」a.雑誌「ウータン」イラスト b.学習研究社 c.キャンソン ミタント紙, アクリル+テンペラ d.355×500 e.1986

2 ——「ウンピョウとマレーバク」a.雑誌「ウータン」イラスト b.学習研究社 c.キャンソン ミタント紙, アクリル+テンペラ d.355×500 e.1986

Keiji Terakoshi

1·2 —Illustration for science magazine. Acrylic and tempera on canson paper. 355×500mm. 1986

3

山田善則
3 ——「オオヨシキリ」 a.パンフレット b.紅弥不動産 c.クレセントボード100, アクリル d.515×350 e.1986

Yoshinori Yamada
3 ——Pamphlet. Acrylic on illustration board. 515×350mm. 1986

1

2

鶴田 修

1 ——a.ポストカード b.SUN MOTOYAMA c.クレセントボード, リキテックス d.360×510 e.1986

2 ——「どうぶつのおやこ」 a.絵本 b.フレーベル館 c.クレセントボード, リキテックス d.360×510 e.1986

Osamu Tsuruta

1 ——Post card. Acrylic on illustration board. 360×510mm. 1986

2 ——ANIMAL FAMILY. Illustration for picture book. Acrylic on illustration board. 360×510mm. 1986

Realistic Illustrations In Japan 2

■青島 敏行 Toshiyuki Aoshima —— P.83
連絡先：〒422 静岡市恩田原3-7 田宮模型デザイン室 ☎0542-81-1340
自宅：〒422 静岡市小鹿2-38-38 ☎0542-85-6732
1955年，静岡市生まれ。
Addr. Tamiya Plastic Model Co., Ltd., 3-7 Ontawara, Shizuoka-shi, Shizuoka 422 ☎ 0542-81-1340

■芦辺 一久 Kazuhisa Ashibe —— P.72
住所：〒135 東京都江東区越中島3-6-2-803 ☎03-643-4576
1951年，神戸市生まれ。灘波デザイナー学院卒。大阪でデザイナー兼カンプライターを3～4年経験。東京に来てデザイン会社に就職。その後フリーとなる。
Addr. 3-6-2-803 Etchujima, Koto-ku, Tokyo 135 ☎ 03-643-4576

■飯田 正美 Masami Iida —— P.121
住所：〒106 東京都港区元麻布3-13-15 赤坂スタジオ内 ☎03-401-4596
1952年，東京生まれ。日本大学法学部卒。
＊ある時はジキル氏，ある時はハイド氏………そんな気分で描いております。
Addr. Akasaka Studio 3-13-15 Motoazabu, Minato-ku, Tokyo 106 ☎ 03-401-4596

■家田 資久 Motohisa Ieda —— P.127
住所：〒465 愛知県名古屋市名東区社台1-81 コーポ津田2F ☎052-773-0514
1951年，愛知県知多市生まれ。日本デザイナー学院名古屋校修了。愛知広告協会・雑誌広告賞受賞。JACA イラストレーション展入選。愛知広告協会・新聞広告賞受賞。
＊興味のもてる物，好きな対象，風景など描いている時はたのしいものです。世の中，なにかせかせかしているようで，海辺，森の中，山のてっぺんにいると実にホッとします。……でも仕事の締切りが，ああ。
Addr. 2F Coop Tsuda, 1-81 Yashirodai, Meito-ku, Nagoya-shi, Aichi 465 ☎ 052-773-0514

■井川 友晴 Tomoharu Ikawa —— P.119
連絡先：〒550 大阪市西区江戸堀1-1-9 日宝肥後橋ビル302 ☎06-443-3760
自宅：〒662 兵庫県西宮市門戸東町1-28 ☎0798-52-1789
1947年，大阪市生まれ。大阪デザイナー学院卒。
Addr. #302 Nippo Higobashi Bldg., 1-1-9 Edobori, Nishi-ku, Osaka 550 ☎ 06-443-3760

■池松 均 Hitoshi Ikematsu —— P.94
住所：〒173 東京都板橋区大谷口北町34-5 ☎03-958-1120
1938年，東京生まれ。グラフィックアートと絵画の勉強の傍ら，意匠・商標法の研究のため日本大学法律学科に入学。宇宙・航空・海洋・歴史・ハード SF などの分野を制作し現在に至る。1978年，NASA の研究施設への立入りを許される。日本宇宙航空環境医学会々員。日本海洋学会々員。
＊ロボットである機械にも人肌のぬくもりがあることがこの頃分かりはじめました。なぜって作る人達がきっと「ロボットよたのむぞ。」と願いをこめて送り出しているからでしょう。機械の「いのち」大切にしたいですね。
Addr. 34-5 Oyaguchi-kita-machi, Itabashi-ku, Tokyo 173 ☎ 03-958-1120

■石崎 康秀 Yasuhide Ishizaki —— P.78
連絡先：〒150 東京都渋谷区道玄坂1-15-3プリメラ道玄坂620号 ☎03-462-5360
自宅：〒277 神奈川県横浜市緑区霧ケ丘5-27-1 ☎045-922-0581
1940年，東京生まれ。1965年，日本デザインセンター入社。1983年イラストレーションスタジオ・イシザキを設立，現在に至る。JAAA 会員。
Addr. #620 Premera Dogenzaka, 1-15-3 Dogenzaka, Shibuya-ku, Tokyo 150 ☎ 03-462-5360

■石山 みのる Minoru Ishiyama —— P.73
住所：〒120 東京都足立区谷中4-10-15 ☎03-606-8801，03-807-0947
1944年，東京生まれ。アートセンター・カレッジ・オブ・デザイン遊学。
Addr. 4-10-15 Yanaka, Adachi-ku, Tokyo 120 ☎ 03-606-8801, 03-807-0947

■磯野 宏夫 Hiroo Isono —— P.136～P.137
住所：〒192 東京都八王子市大谷町786-5 ☎0426-46-8145
1945年，愛知県稲沢市生まれ。愛知教育大学美術科卒。
＊アマゾン，密林，沈船，洞窟，地底湖，深海といったものに何故か私の気持ちはたかぶります。さて，各々に共通する所はなにか，なんて難しく考えません。ごく自然に私の絵のテーマになってくれます。
Addr. 786-5 Oya-cho, Hachioji-shi, Tokyo 192 ☎ 0426-46-8145

■伊藤 一穂 Kazuho Itoh —— P.125
住所：〒158 東京都世田谷区上野毛4-35-17 ☎03-703-6377
1950年，北海道深川市生まれ。1976年，東京芸術大学油画科卒。
＊気の遠くなるような宇宙の大きさや，小さな細胞の複雑な仕組みに驚かされ，励まされたり，しかしすぐまた現実の世界に引き戻され，今度はどう描いてみようかなどと単細胞を酷使している今日この頃の私です。
Addr. 4-35-17 Kaminoge, Setagaya-ku, Tokyo 158 ☎ 03-703-6377

■岩崎 賀都彰 Kazuaki Iwasaki —— P.98～P.99
住所：〒536 大阪市城東区成育4-20-26 ㈲コスモス・オリジン ☎06-933-2136
1935年，大連市生まれ。1948年，天体観測開始(於滋賀)。1950年，天体画作画開始。1958年，デザインオフィス開設。1963年，大阪へスタジオ移設。1969年，東京イラストレーターズ年鑑特別賞。1980年，サントリー奨励賞，他。著書に『これが宇宙だ』(画集・童心社)，『宇宙・ロケット』(科学絵本・保育社)，『星のせかい』『さかなのせいかつ』(科学絵本・ポプラ社)，『星へいこう』(画集・福音館)，『宇宙と自然』(画集・ビッグ社)，『ザ・宇宙』(画集・ラポート社)，『スーパースペース』(画集・リブロポート)，『Visions of the Universe』(カールセーガンプロ)，『ビジョンズ・オブ・ザ・ユニバース』(日本語版・旺文社)，『太陽系45億年の旅』(ブルーバックス・講談社)，『岩崎賀都彰天体画集』(7枚組みシート集・講談社)など。
Addr. Cosmos Origin Ltd., 4-20-26 Seiiku, Joto-ku, Osaka 536 ☎ 06-933-2136

■内田 進 Susumu Uchida —— P.147
住所：〒157 東京都世田谷区砧5-1-3 メゾンドロア204 ☎03-415-7200
1947年，静岡県伊東市生まれ。日本大学芸術学部美術学科卒。
＊釣人として魚に接するうちに，水生昆虫は，魚に，魚は，鳥や獣に，鳥や獣が死に「土」に帰り，その養分を吸収した土壌がまたプランクトンを生み出すといった，自然連鎖のエコサイクルさえもが，近代の環境汚染や自然破壊の中でその自然の摂理を失いつつあるということを感じずにはいられないのです。魚や鳥が住めなくなることは，やがて人間さえもが生きてゆけなくなることに直結してしまうという真理に，あらためて驚愕しています。魚という小動物を描くことで，そのことの大切さを忘れてはならない，と思うのです。
Addr. #204 Maison de Roi, 5-1-3 Kinuta, Setagaya-ku, Tokyo 157 ☎ 03-415-7200

■江間 浩司 Koji Ema —— P.83
連絡先：〒422 静岡市恩田原3-7 田宮模型宣伝部デザイン室 ☎0542-86-5105
自宅：〒422 静岡市馬渕1-6-25 ☎0542-86-0706
1953年，静岡市生まれ。
Addr. Tamiya Plastic Model Co., Ltd., 3-7 Ontawara, Shizuoka-shi, Shizuoka 422 ☎ 0542-86-5105

■遠藤 孝悦 Koetsu Endo —— P.105
住所：〒188 東京都田無市芝久保町3-1-26 ☎0424-61-9545
1946年，北海道室蘭市生まれ。北海道大学中退。1976年よりフリー。
＊それぞれの絵が出来てゆく過程の中に，少しでも楽しめるようなところを見つけようと，心掛けてはいるのですが………。
Addr. 3-1-26 Shibakubo-cho, Tanashi-shi, Tokyo 188 ☎ 0424-61-9545

■遠藤 孝昭 Takaaki Endo —— P.105
住所：〒196 東京都昭島市中神町1314-6 A-2 ☎0425-44-8794
1948年，北海道室蘭市生まれ。室蘭清水ケ丘高校卒。4年間イラスト事務所に勤め，以後フリーとなる。
Addr. A-2, 1314-6 Nakagami-cho, Akishima-shi, Tokyo 196 ☎ 0425-44-8794

■生頼 範義 Noriyoshi Ohrai —— P.92
住所：〒880-01 宮崎市大字広原886 ☎0985-39-5565
1935年，兵庫県明石市生まれ。1962年より制作を始める。
Addr. 886 Hirohara, Oaza, Miyazaki-shi, Miyazaki 880-01 ☎ 0985-39-5565

■大内 誠 Makoto Ouchi —— P.88
連絡先：〒162 東京都新宿区西新宿4-32-6 ☎03-320-8467
自宅：〒154 東京都世田谷区弦巻2-23-15-108 ☎03-426-9315
1949年，茨城県水戸市生まれ。法政大学工学部機械科2部卒。1977～1978年の1年半，西独ミュンヘン市在住，H・シュレンツィッヒ氏に師事。
＊どうしてもリアルが主体で，ヒマになるといつも幅広く画いてゆく事を願うのですが，今年も機械物で終わってしまいました。
Addr. 4-32-6 Nishishinjuku, Shinjuku-ku, Tokyo 162 ☎ 03-320-8467

■大久保 敏邦 Toshikuni Ohkubo —— P.12～P.13
連絡先：〒162 東京都新宿区市ケ谷台町7 橋口デンタルビル412号 ☎03-355-4056
自宅：165 東京都中野区白鷺2-15-8 ☎03-330-4085
1948年，広島県呉市生まれ。1970年日本大学芸術学部美術学科卒。同年山下芳郎氏に弟子入。1972年独立，現在に至る。1983年呉市立美術館新設記念イラスト現代美術展を開催。新聞・雑誌広告等多数受賞。
＊毎月，流行の流れに逆らって泳いでいます。疲労こんぱい気味ですが，「今日もまたすばらしい作品が出来た」と自画自賛しているこの私は，もう古い人間なのでしょうか………。
Addr. #412 Hashiguchi Dental Bldg., 7 Ichigayadai-cho, Shinjuku-ku, Tokyo 162 ☎ 03-355-4056

■大下 亮 Ryo Ohsita —— P.20～P.21
連絡先：〒150 東京都渋谷区宇田川町2-1 渋谷ホームズ317 ☎03-496-4905
自宅：〒182 東京都調布市染地2-8-3 B-701 ☎0424-88-9293
1947年，静岡市生まれ。多摩美術大学デザイン科卒。日本デザインセンター退社後フリー。
Addr. #317 Shibuya Homes, 2-1 Udagawa-cho, Shibuya-ku, Tokyo 150 ☎ 03-496-4905

■太田 泉 Izumi Ohta —— P.10～P.11
住所：〒158 東京都世田谷区玉川3-1-9 玉川第1スカイハイツ203号 ☎03-708-0926
1946年，群馬県生まれ。群馬県立伊勢崎工業高校機械科卒。ヴィジュアルデザイン研究所卒。田宮デザインルームを経て，1977年，フリーのイラストレーターとなる。
＊様々な状況からの影響を受け，選択し，自己表現とする。何が生まれ，何が育つのか——。解答の扉は内側から，何時叩かれるのか。
Addr. #203 Tamagawa Daiichi Sky Heights, 3-1-9 Tamagawa, Setagaya-ku, Tokyo 158 ☎ 03-708-0926

■大西 洋介 Yosuke Ohnishi —— P.58～P.59
住所：〒106 東京都港区西麻布1-14-15 ユーキフラット3B ☎03-408-0841
1942年，兵庫県加古川市生まれ。大阪美術学校卒。朝日広告賞グランプリ。雑誌広告賞。日本グラフィック'81金賞。ポスター展。日本国際美術展。銀座フマギャラリーなどで個展。『エアブラシ・ハイテクニック』(グラフィック社) 監修。1986年，ウィーン市主催による個展。
＊今回は女性の顔を描いたものを出品しましたが，資料としては，ヴォーグ，バザー等のモデルをテーマにしています。仕事にはメイクアップの強い顔，やさしい顔等さまざまですが，やはり静かな顔の方が，むずかしいかと思われます。メイクの強いものは，楽しくて描きやすいですネ。しかし，好みの顔の資料さがしには，一苦労させられます。

Addr. #3B Yuki Flat, 1-14-15 Nishiazabu, Minato-ku, Tokyo 106 ☎ 03-408-0841

■大野 高史　Takashi Ohno ――――――――――――――――――――――― P.14～P.15
住所：〒114 東京都北区栄町47-7 ☎03-912-6093
1948年，岐阜県生まれ。都立城北高校卒。日本デザインセンターを経て，1975年フリー。
＊仕事では資料の写真を見て描くことが多いので，自分自身の見方，表現を見直す意味で，プライベートに，身近な物を実物を見ながら描いてみました。
Addr. 47-7 Sakae-cho, Kita-ku, Tokyo 114 ☎ 03-912-6093

■大橋 正　Tadashi Ohashi ――――――――――――――――――――――― P.42～P.43
連絡先：〒107 東京都港区南青山4-18-8 シャトー東洋101 ☎03-405-0301(シャトー東洋502 ☎03-405-0757自宅)
1916年，京都生まれ。東京高等工芸図案科卒。キッコーマン，明治製菓のデザインを手がけ今日に至る。日宣美の創立，グラフィック55展に参加。日宣美会員賞，東京アートディレクターズクラブ金賞，ほか多数受賞。1984年，紫授褒章。作品集『日本の味どころ』『大橋正の博物誌』など。日本グラフィックデザイナー協会理事。東京ADC評議員。東京デザイナースペース会員。武蔵野美術大学名誉教授。
Addr. #101 Chateau Toyo, 4-18-8 Minamiaoyama, Minato-ku, Tokyo 107
☎ 03-405-0301

■岡本 滋夫　Shigeo Okamoto ――――――――――――――――――――――― P.126
連絡先：〒461 愛知県名古屋市東区白壁1-45 白壁ビル10A ☎052-971-3352
自宅：〒464 愛知県名古屋市千種区春里町2-43-2 三旺マンション第3本山602
☎052-761-6189
1934年，名古屋市生まれ。愛知教育大学美術科卒。ワルシャワ国際ポスタービエンナーレ銅賞。第59回ニューヨークADC展金賞。ソサエティ・オブ・イラストレーターズ国際展金賞。
Addr. 10-A Shirakabe Bldg., 1-45 Shirakabe, Higashi-ku, Nagoya-shi, Aichi 461
☎ 052-971-3352

■岡本 三紀夫　Mikio Okamoto ――――――――――――――――――――――― P.76～P.77
連絡先：〒150 東京都渋谷区宇田川町2-1 渋谷ホームズ921 スタジオ・プリムズ
☎03-463-3086
自宅：〒206 東京都多摩市鶴牧3-13-6-302 ☎0423-73-7633
1951年，東京生まれ。桑沢デザイン研究所卒業後，日本デザインセンター・イラストレーション室を経て現在フリーランス。
＊アメリカの年鑑イラストレーターズを見るたびに自分のデッサン不足，色感の悪さ，構成能力のなさを実感します。早い話，大リーグと日本のプロ野球の差なんですネ。一生かかっても同じ飛距離のホームランが打てるかな？
Addr. #921 Shibuya Homes, 2-1 Udagawa-cho, Shibuya-ku, Tokyo 150 ☎03-463-3086

■カサイ工房　Kasai-kobo ――――――――――――――――――――――― P.22
住所：〒162 東京都新宿区市ケ谷薬王寺町52 宮尾ビル2F ☎03-359-2900
1960年設立。代表取締役・笠井門人。イラストレーター9名，デザイナー6名，コピーライター3名，フィニッシュ5名，オペレーター2名，営業5名，事務2名。
Addr. 2F Miyao Bldg., 52 Yakuoji-cho, Ichigaya, Shinjuku-ku, Tokyo 162
☎ 03-359-2900

■笠松 遊　Yu Kasamatsu ――――――――――――――――――――――― P.146
住所：〒183 東京都府中市浅間町4-3 W-4 ☎0423-67-0401
1947年，福井県生まれ。1971年，多摩美術大学デザイン科卒。1975年，朝日広告賞表現技術賞。1976年よりフリーランス。
Addr. W-4, 4-3 Sengen-cho, Fuchu-shi, Tokyo 183 ☎ 0423-67-0401

■柏崎 義明　Yoshiaki Kashiwazaki ――――――――――――――――――――――― P.86～P.87
住所：〒154 東京都世田谷区駒沢5-6-11 駒沢東マンション402 ☎03-705-6475
1958年生まれ。東海大学デザイン学課程卒。日本デザインセンター勤務を経て，1983年よりフリー。
＊近頃はバイクのイラストをメインに描いていますが，なにぶん趣味でもあるバイクなので細かい所までこだわりすぎて時間ばかりかかり，フウフウ言っています。
Addr. #402 Komazawa Higashi Mansion, 5-6-11 Komazawa, Setagaya-ku, Tokyo 154
☎ 03-705-6475

■加藤 直之　Naoyuki Kato ――――――――――――――――――――――― P.133
連絡先：〒167 東京都杉並区本天沼3-44-17 ㈱スタジオぬえ内 ☎03-394-3254
自宅：〒167 東京都杉並区井草1-5-11-1101 ☎03-394-0820
1952年，大阪に生まれ浜松で育つ。1974年，スタジオぬえ設立。早川コンテスト・アート部門入選。1979年，第18回日本SF大会で星雲賞。1981年『加藤直之画集』，1983年『加藤直之画集II』，1987年『加藤直之画集III』。日本SF作家クラブ会員。
＊仕事の合間，画集のために作品リストを作ったり，気に入らない絵を修正したり（なかなか進みませんが）の毎日です。でも本当は，もっとどんどん新しい絵を描きたいのです。
Addr. ℅ Hiro Media Associates, Inc., #205 Akasaka Eminence, 4-2-23 Akasaka, Minato-ku, Tokyo 107 ☎ 03-585-8457

■門坂 流　Ryu Kadosaka ――――――――――――――――――――――― P.35
住所：〒214 神奈川県川崎市多摩区寺尾台2-8-6-20-103 ☎044-966-4225
1948年，京都生まれ。1968年，東京芸術大学油絵科入学。197？年，同校除籍。
Addr. 2-8-6-20-103 Teraodai, Tama-ku, Kawasaki-shi, Kanagawa 214 ☎ 044-966-4225

■金井 裕也　Yuya Kanai ――――――――――――――――――――――― P.109
住所：〒350-02 埼玉県入間郡鶴ケ島町南2-1-8-106 ☎0492-87-0581
1951年，群馬県桐生市生まれ。東京芸術大学油画専攻卒。
＊日進月歩の医学界からの膨大な情報量をなんとか受けとめ，内なる拡大な世界の微細な構造，生理に至る迄の調和に驚きつつ表現している現状です。技術的な問題は山積ですが，ともかく生き生きとしたMedical Illustrationを，と考えています。
Addr. 2-1-8-106 Minami, Tsurugashima-cho, Iruma-gun, Saitama 350-02 ☎ 0492-87-0581

■兼子 良明　Yoshiaki Kaneko ――――――――――――――――――――――― P.110～P.111
住所：〒170 東京都豊島区南大塚1-3-5 桜楓荘 桜 1F10号 ☎03-945-1929
1946年，長野県伊那市生まれ。二科商業美術特選。朝日広告賞。シェル賞。プレイボーイ賞。日本グラフィック展，日本イラスト連盟展，出品。
Addr. #10 Sakura 1F, Ofuso, 1-3-5 Minamiotsuka, Toshima-ku, Tokyo 170
☎ 03-945-1929

■川上 恭弘　Yasuhiro Kawakami ――――――――――――――――――――――― P.89
連絡先：〒102 東京都千代田区九段南4-61 九段シルバーパレス502 ☎03-261-6932
自宅：〒185 東京都国分寺市富士本3-10-10 ☎0425-75-2463
1940年，東京生まれ。都立工芸卒業後，輻一夫氏に師事。1964年，日本デザインセンター入社。1975年，同社退職後フリー。自動車アーチスト協会々員。
＊一ぱつ写真が手にはいることはほとんどなく，図面や類似写真から描き起こす場合が多いので，資料集めが決め手です。
Addr. #502 Kudan Silver Palace, 4-6-1 Kudanminami, Chiyoda-ku, Tokyo 102
☎ 03-261-6932

■河田 久雄　Hisao Kawada ――――――――――――――――――――――― P.48
住所：〒168 東京都杉並区方南1-51-7-1001 ☎03-328-8906
1947年，長野県生まれ。武蔵野美術短期大学卒。
＊街から海へ向かって坂になり，その先にピアがつきでている。とても印象的なランドスケープのマンハッタンビーチ。又，LAの様々に変化する街やビルボード。サーファーもつり人も皆陽気で明るい。素適なドラマだ。
Addr. 1-51-7-1001 Honan, Suginami-ku, Tokyo 168 ☎ 03-328-8906

■河原 誠　Makoto Kawahara ――――――――――――――――――――――― P.66
連絡先：〒106 東京都港区六本木3-16-13 アンバサダー六本木701 ☎03-589-4947
自宅：〒241 神奈川県横浜市旭区鶴ケ峰1-77-5 ☎045-373-6481
1955年，横浜市生まれ。1978年多摩美術大学デザイン科卒。日本デザインセンターイラスト室勤務を経て，現在フリーランス。1983，84年日本産業広告賞，84年日本工業広告賞にて大賞，85年雑誌広告電通賞など。
＊常に完成段階を頭に描きつつ，ディテールを仕上げてゆくリアルイラストの作業は，プラモデルの組み立てにも似た楽しさを持つ半面，仕上りが読めてしまうというもの足りなさもあるのですね，これが。矛盾してますか？
Addr. #701 Ambasador Roppongi, 3-16-13 Roppongi, Minato-ku, Tokyo 106
☎ 03-589-4947

■橘田 幸雄　Yukio Kitta ――――――――――――――――――――――― P.140～P.141
住所：〒167 東京都杉並区西荻南4-32-4 西荻コーポ501 ☎03-333-7765
1949年，岐阜県生まれ。トーコーアドにイラストレーターとして勤務。以後フリー。
＊写真的な質感を強く求められますといささか苦労します。ライトリアル感覚でのぞみたいと思います。
Addr. #501 Nishiogi Coop, 4-32-4 Nishiogiminami Suginami-ku, Tokyo 167
☎ 03-333-7765

■きむら まこと　Makoto Kimura ――――――――――――――――――――――― P.63
住所：〒106 東京都港区麻布十番2-10-8 ロジェ麻布201スタジオミルク&ハニー
☎03-455-5097
東京生まれ。ヴァンタンデザイン研究所卒。つくば万博ファッションデザイン優秀賞他。
＊去年は，ポパイの表紙を描くことができたので，今年は「イラストレーション」誌の表紙を描きたい。また5年間程の作品を1冊の本にまとめたい。出版社を探しています。
Addr. #201 Roje Azabu, 2-10-8 Azabujuban, Minato-ku, Tokyo 106 ☎ 03-455-5097

■久保 幸造　Kozo Kubo ――――――――――――――――――――――― P.44
住所：〒188 東京都田無市北原町2-1-16 ☎0424-62-7466
1938年，愛媛県大洲市生まれ。東京美術研究所2年修。NAAC展特選。日本グラフィック展特選。ブロードウェイ新人展第一席。外国人記者クラブ企画展はじめ，毎年個展開催。
＊ジャズのふるさとニューオリンズをテーマに老ジャズメン，黒い天使達，古びた建物を通じて現代のペーソスを描き続けたい。今年4月には，ニューオリンズのブライアントギャラリーにて個展を開催する。
Addr. 2-1-16 Kitahara-cho, Tanashi-shi, Tokyo 188 ☎ 0424-62-7466

■黒木 博　Hiroshi Kuroki ――――――――――――――――――――――― P.131
連絡先：〒152 東京都目黒区中央1-3-17 ☎03-710-0575
自宅：〒152 東京都目黒区南1-5-15 目黒サンプラザ102 ☎03-723-9206
1950年，宮崎市生まれ。1976年，東京芸大卒，78年同大学院(工業デザイン)卒。
＊学生時代I・Dを専攻していた反動か，今は人物を(空で)描く事に快感を覚えています。リアルの定義から外れるかもしれませんが，筆のタッチ等が残っていても気にならなければ良いのではと勝手に思っています。
Addr. 1-3-17 Chuo, Meguro-ku, Tokyo 152 ☎ 03-710-0575

■黒田 文隆　Fumitaka Kuroda ――――――――――――――――――――――― P.104
連絡先：〒150 東京都渋谷区宇田川町2-1 渋谷ホームズ921 プリズム ☎03-463-3086
自宅：〒241 神奈川県横浜市旭区鶴ケ峰本町1021 ☎045-951-0927
1954年，横浜市生まれ。武蔵野美術大学商業デザイン科卒。日本デザインセンターを経てフリーとなる。1981年，岡本三紀夫，寺田敬両氏とスタジオ・プリズムを設立。
＊最近はテクニカルイラストの仕事が多くなってしまいましたが，基本的にリアルな物であれば人物・メカ等制作していきたいと思います。何でも片寄らずに。
Addr. #921 Shibuya Homes, 2-1 Udagawa-cho, Shibuya-ku, Tokyo 150 ☎ 03-463-3086

■小泉 孝司 Takashi Koizumi —— P.134
住所：〒166 東京都杉並区阿佐谷南1-12-17 ☎03-313-6963
1948年，京都生まれ。同志社大学経済学部卒。
Addr. 1-12-17 Asagayaminami, Suginami-ku, Tokyo 166 ☎ 03-313-6963

■国米 豊彦 Toyohiko Kokumai —— P.123
連絡先：〒530 大阪市北区西天満3-6-35 高橋ビル南5号館3F㈱スプーン ☎06-365-6272
自宅：〒659 兵庫県芦屋市南宮町6-3-507 ☎0797-31-5968
1956年，兵庫県芦屋市生まれ。大阪芸術大学デザイン学科卒。
＊毎日なんらかの形で，人と人，人と物，人と動物……そして喜び，哀しみ，怒り……，それぞれの関わり合い，見方，考え方は様々。それらが集まりそれぞれの生活を営む世界は常に変化している。その中の１コマを自分なりにメンタルな部分でとらえた作品です。
Addr. ℅ Spoon Co., Ltd., 3F Minami 5-gokan Takahashi Bldg., 3-6-35 Nishitenma, Kita-ku, Osaka 530 ☎ 06-365-6272

■小嶋 保 Tamotsu Kojima —— P.18～P.19
連絡先：〒503 岐阜県大垣市緑園67緑園サンコーポ4-A ☎0584-75-3441
自宅：〒503 岐阜県大垣市禾ノ森町4-1920-1 ☎0584-75-0309
1950年，北海道旭川市生まれ。東京デザイナー学院名古屋校修了。
Addr. #4-A Midorien Sun Coop, 67 Midorien, Ogaki-shi, Gifu 503 ☎ 0584-75-3441

■小玉 英章 Hideaki Kodama —— P.62～P.63
連絡先：〒650 兵庫県神戸市中央区元町通5-4-3 元町アーバンライフ301 ☎078-371-6507
自宅：〒658 兵庫県神戸市東灘区本山南町6-7-5 グレースハイツ201 ☎078-451-9178
1952年，岐阜県大垣市生まれ。1974年，大阪芸術大学グラフィック・デザイン科卒。1976年～84年スプーン在籍。1985年よりフリー。
＊リアルイラストはデッサンの延長線上にあり，野球でいえば直球である。カーブやチェンジアップで三振を取っても満足感が残らない。変化球がもてはやされる現在，僕はあくまでも直球を投げ続ける投手でいたい。
Addr. #301 Motomachi Urbanlife 5-4-3 Motomachidori, Chuo-ku Kobe-shi, Hyogo 650 ☎ 078-371-6507

■小林 宰士 Saishi Kobayashi —— P.44～P.45
住所：〒174 東京都板橋区中台3-27 H-206 ☎03-936-0354
1946年，福岡市生まれ。多摩美術大学卒。
Addr. H-206, 3-27 Nakadai, Itabashi-ku, Tokyo 174 ☎ 03-936-0354

■斉藤 信 Shin Saito —— P.107
住所：〒229 神奈川県相模原市上溝6-13-9 ☎0427-62-4703
1949年，青森県弘前市生まれ。
Addr. 6-13-9 Kamimizo, Sagamihara-shi, Kanagawa 229 ☎ 0427-62-4703

■斉藤 捷夫 Hayao Saito —— P.31
住所：〒285 千葉県佐倉市八幡台2-8-16 ☎0434-61-0361
1939年，京都市生まれ。京都芸術大学特修美術科構成科中退。朝日広告賞，日経広告賞，浅井忠記念賞展優秀賞受賞。1983年，サン・アド退社，以後フリーとなる。
Addr. 2-8-16 Hachimandai, Sakura-shi, Chiba 285 ☎ 0434-61-0361

■斉藤 寿 Hisashi Saito —— P.90～P.91
住所：〒220-02 神奈川県津久井郡津久井町太井442-4 ☎0427-84-5214
1936年，青森県弘前市生まれ。県立弘前高校卒。
Addr. 442-4 Ohi, Tsukui-cho, Tsukui-gun, Kanagawa 220-02 ☎ 0427-84-5214

■斉藤 雅緒 Masao Saito —— P.16～P.17
住所：〒213 神奈川県川崎市宮前区宮崎1-6-12 ライオンズマンション宮崎台402 ☎044-854-8484
1947年，静岡県生まれ。1965年，県立浜松工業高校デザイン科卒。個展，グループ展多数。USAソサエティ・オブ・デザイナーズ入賞。朝日広告賞，毎日デイン賞他多数受賞。『スーパーリアルイラストレーション』『フルーツウォッチング』(グラフィック社) 他多数出版。東京デザイナーズスペース会員。
Addr. #402 Lions Mansion Miyazakidai, 1-6-12 Miyazaki, Miyamae-ku, Kawasaki-shi, Kanagawa 213 ☎ 044-854-8484

■斉藤 幹生 Mikio Saito —— P.34～P.35
住所：〒164 東京都中野区弥生町1-55-6-707 ☎03-373-2814
1936年，岩手県北上市生まれ。1959年，岩手大学特設美術科工芸科卒。博報堂勤務を経てフリーのイラストレーターとなり現在に至る。1969年度朝日広告賞特選１席(日本航空)，毎日広告賞部門賞など。
＊もう随分ペン画をかいている。白い紙を墨の黒に過ぎないのだが，紙の白さより白く，墨の黒さより黒くかく事はそう簡単ではない。光とカゲの比ではない。にぎやかな彩色より私はモノクロームのこの世界が好きだ。
Addr. 1-55-6-707 Yayoi-cho, Nakano-ku, Tokyo 164 ☎ 03-373-2814

■斉藤 美奈子 Minako Saito —— P.54～P.55
連絡先：〒247 神奈川県鎌倉市山ノ内959 ☎0467-24-0900
自宅：48 West 76th St. #11NY NY 10023 ☎212-595-3525
1958年，鎌倉市生まれ。多摩美術大学デザイン科中退。以後フリー。
Addr. 959 Yamanouchi, Kamakura-shi, Kanagawa 247 ☎ 0467-24-0900

■坂本 勝彦 Katsuhiko Sakamoto —— P.73
住所：〒162 東京都新宿区戸山2-33-409 ☎03-208-1999
1942年，静岡市生まれ。ファッションイラストレーターを志し，原雅夫スタイル画教室にて学んだ後，グラフィックデザイナーに転向。1980年より再度イラストに転向し現在に至る。NAAC展，JAGDA展，二科展，水彩連盟展，美術文化展等入選及び受賞。
＊リアルイラストは自分のスタイル創りがむずかしく，現在も悪戦苦闘を続けています。ブックカバーの仕事はアイデアに苦労しますが，自分でイメージ創りが出来るので，楽しみながら描いています。
Addr. 2-33-409 Toyama, Shinjuku-ku, Tokyo 162 ☎ 03-208-1999

■坂本 富志雄 Toshio Sakamoto —— P.26～P.27
連絡先：〒104 東京都中央区明石町7-5 原文荘3F ☎03-545-0532
自宅：〒272 千葉県市川市大和田4-12-4 ☎0473-76-0340
1954年，東京生まれ。
Addr. 3F Harabunso, 7-5 Akashi-cho, Chuo-ku, Tokyo 104 ☎ 03-545-0532

■佐藤 貞夫 Sadao Sato —— P.113
住所：〒540 大阪市東区大手通2-60都住創ビル ☎06-943-5565
1941年，大阪府堺市生まれ。1965年，武蔵野美術大学卒。大広入社。1970年，大広を退社し，後フリーランス。1985年，和歌山版画ビンナーレ展入選，IBM絵画コンクール入選，富山近代美術館ポスター展入選。1986年，日仏現代美術展入選。
Addr. Tojuso Bldg., 2-60 Otedori, Higashi-ku, Osaka 540 ☎ 06-943-5565

■佐藤 邦雄 Kunio Sato —— P.117
連絡先：〒540 大阪市東区石町2-28 都住創石町201 ㈱スプーン ☎06-946-9192
自宅：〒560 大阪府豊中市西緑丘1-3-1-912 ☎06-854-5677
1940年，香川県生まれ。ナンバデザイナー学院卒。サントリー奨励賞受賞。
＊イラストを見て感動するのは，それを描いた人のいれこみ，熱意が見る人に伝わってくるからである。上手，下手ではない――忘れないでいよう。
Addr. ℅ Spoon Co., Ltd., #202 Tojuso Kokumachi, 2-28 Koku-machi, Higashi-ku, Osaka 540 ☎ 06-946-9192

■ペーター 佐藤 Pater Sato —— P.52～P.53
連絡先：〒106 東京都港区元麻布3-11-12 加藤ビル502 ☎03-403-8455
自宅：〒150 東京都渋谷区神宮前2-31-18 ☎03-408-0992
1943年，神奈川県横須賀市生まれ。1967年，セツモードセミナー卒業。東京アドデザイナースを経て，フリーランスに。現在，東京，ニューヨークで雑誌，広告，ビデオ等で活動中。1980年，プレイボーイマガジンでCertificate of Excellenceを受賞。
Addr. #502 Kato Bldg., 3-11-12 Motoazabu, Minato-ku, Tokyo 106 ☎ 03-403-8455

■三田 恒夫 Tsuneo Sanda —— P.29
連絡先：〒150 東京都渋谷区桜丘4-17 渋谷台ハイム101 ☎03-463-8088
自宅：〒213 神奈川県川崎市宮前区土橋3-2-6-301 ☎044-584-8852
1947年，大阪生まれ。大阪市立第二工芸高校卒。1983，84年，国際SF大会銀賞。1970年，日本セールスエイド入社。1975年，フリーになる。1981年，スタジオ設立，現在に至る。
＊自然体で好きな仕事をしていますが，最近特にイラストの依頼が増え，デザイン作業とのバランスを保つのに苦労しています。
Addr. #101 Shibuyadai Heim, 4-17 Sakuragaoka, Shibuya-ku, Tokyo 150 ☎ 03-463-8088

■嶋岡 五郎 Goro Shimaoka —— P.108
住所：〒357-01 埼玉県飯能市原市場406-1 ☎04297-7-1580
1936年，北九州市生まれ。1955年，福岡県立小倉高校卒。グラフィックデザイナーとしての屈折を経たのち，1976年頃よりイラスト１本の生活に入る。
＊100÷２＝99……!? 目下の命題はこれです。百里の道を行かん者は九十九里をもって半ばと心得べし。そうなんだよなァ。でもいつも50里なのに99里のような気になっちゃったりして……。マイッタモンダ!!
Addr. 406-1 Haraichiba, Hanno-shi, Saitama 357-01 ☎ 04297-7-1580

■島村 英二 Eiji Shimamura —— P.82
連絡先：〒422 静岡市恩田原3-7 田宮模型デザイン室 ☎0542-81-1340
自宅：〒422 静岡市有東2-9-33 ☎0542-86-4796
1948年，静岡市生まれ。県立静岡工業高校工芸科卒。
Addr. Tamiya Plastic Model Co., Ltd., 3-7 Ontawara, Shizuoka-shi, Shizuoka 422 ☎ 0542-81-1340

■寿福 隆志 Takashi Jufuku —— P.91
連絡先：〒104 東京都中央区銀座1-14-4 藤平ビル4F エリプスガイド ☎03-564-6826
自宅：〒134 東京都江戸川区二之江町1381 ☎03-687-4461
1945年，鹿児島県生まれ。大学中退後，1967～82年まで自動車専門誌の出版社，三栄書房美術部に在籍，２輪，４輪の透視図を画く。1982年５月フリー。現在，銀座にテクニカルイラストレーションの仕事場，エリプスガイドを開設。
＊仕事のストレス解消法。フェラーリ250GTOの写真とブラーゴのオモチャをながめ，又毒ヘビやサソリのマークの入った車の本に没頭。ベンジャミンに水をやり，たまったビデオを見る。そして週１回のヘボテニス。これ最高！
Addr. Ellipse Guide, 4F Fujihira Bldg., 1-14-4 Ginza. Chuo-ku, Tokyo 104 ☎ 03-564-6826

■末弥 純 Jun Suemi —— P.137
住所：〒168 東京都杉並区和泉2-13-34 メゾン永福202 ☎03-325-7899
1959年，大分市生まれ。1982年，武蔵野美術大学油絵科卒。
＊キャンバスボードにアクリル絵具の厚ぬりで制作しています。リアルイラストとは異なるかもしれませんが，絵の構築された世界の中において，忠実でありたいと思います。
Addr. #202 Maison Eifuku, 2-13-34 Izumi, Suginami-ku, Tokyo 168 ☎ 03-325-7899

■杉田 英樹 Hideki Sugita —— P.69
住所：〒227 神奈川県横浜市緑区新石川1-8-1 あざみ野イースタンビル301 ☎045-902-5554
1960年，兵庫県神戸市生まれ。

Addr. #301 Azamino Eastern Bldg., 1-8-1 Shinishikawa, Midori-ku, Yokohama-shi, Kanagawa 227 ☎ 045-902-5554

■赤 勘兵衛 Kanbei Seki――――――――――P.143
連絡先：〒355 埼玉県東松山市箭弓町1-16-3 東松山マンション806 ☎0493-24-3455
自宅：〒355-01 埼玉県比企郡吉見町南吉見2074-178 ☎1493-54-1875
1946年，東京生まれ。多摩美術大学卒。日本デザインセンターを経て現在フリー。
Addr. #806 Higashimatsuyama Mansion, 1-16-3 Yakyu-cho, Higashimatsuyama-shi, Saitama 355 ☎ 0493-24-3455

■瀬戸 照 Akira Seto――――――――――P.142～P.143
住所：〒258 神奈川県足柄上郡松田町惣領213 ☎0465-82-2672
1951年，神奈川県生まれ。小田原城北工業高校デザイン科卒。銀座松屋企画部宣伝課，美学校細密画工房を経て現在に至る。
Addr. 213 Soryo, Matsuda-cho, Ashigarakami-gun, Kanagawa 258 ☎ 0465-82-2672

■空山 基 Hajime Sorayama――――――――――P.56～P.57
連絡先：〒141 東京都品川区大崎5-7-14-607 ☎03-491-9337
自宅：〒141 東京都品川区大崎5-7-14-1202 ☎03-491-1549
1947年，愛媛県今治市生まれ。1969年中央美術学園デザイン科卒。1969年，㈱旭通信社制作管理室入社。1972年，同社退社以後フリーランサーとして赤貧と飽食酒池肉林をくりかえし現在に至る。ま，色々あった。
＊リアル系のイラストにはバキッとした体力が絶対必要である。が，しかし流行やスタイルに左右されない強味が唯一ある。ツブシがきくのである。当然，新人類はあまり興味を示さずやりたがらない。アートを意識した自由きままなイラスト全盛のおりにこの様なイラスト集をあえて刊行するグラフィック社はエライ！というか，なんというか……。
Addr. 5-7-14-607 Osaki, Shinagawa-ku, Tokyo 141 ☎ 03-491-9337

■高荷 義之 Yoshiyuki Takani――――――――――P.93
住所：〒371 群馬県前橋市古市町1-43-20 ☎0272-51-5490
1935年，群馬県前橋市生まれ。高校卒業後，小松崎茂氏に師事。
Addr. 1-43-20 Furuichi-machi, Maebashi-shi, Gunma 371 ☎ 0272-51-5490

■高村 太木 Taki Takamura――――――――――P.112
連絡先：〒150 東京都渋谷区神宮前6-12-27 ㈱アド・クリエーター分室 ☎03-406-8256
自宅：〒206 東京都多摩市諏訪3-3-5-1 ☎0423-74-0913
1932年，東京生まれ。都立工芸高校印刷科卒。現在，㈱アド・クリエーター勤務。1974年，毎日広告賞(三部)，電通賞。1978年，朝日広告賞(二部)。
＊モチーフのシズルのみを念頭において仕事をして来ました。最近作品の中の自我を周囲より指摘されます。いっそ我を張って見ようか対象の側にもどろうか，目下模索中です。
Addr. ℅ Ad. Creator Co., Ltd., 6-12-27 Jingmae, Shibuya-ku, Tokyo 150 ☎ 03-406-8256

■滝野 晴夫 Haruo Takino――――――――――P.38～P.39
住所：〒165 東京都中野区沼袋2-28-37 ☎03-387-5959
1944年，東京生まれ。
Addr. 2-28-37 Numabukuro, Nakano-ku, Tokyo 165 ☎ 03-387-5959

■武田 育雄 Ikuo Takeda――――――――――P.50～P.51
連絡先：〒107 東京都港区赤坂4-2-23 赤坂エミネンス中川403 ☎03-584-2774
自宅：〒167 東京都杉並区荻窪1-50-4 ☎03-398-3005
1950年，兵庫県生まれ。大阪のデザイン会社を経て，フリーとなる。
Addr. #403 Akasaka Eminence Nakagawa, 4-2-23 Akasaka, Minato-ku, Tokyo 107 ☎ 03-584-2774

■田中 昌宏 Akihiro Tanaka――――――――――P.65
住所：〒663 兵庫県西宮市小松南町2-2-20 ユーロハイツ武庫川 C2 ☎0798-46-6266
1938年，静岡県浜松市生まれ。県立浜松工業高校デザイン科卒。
Addr. C2 Yuro Heights Mukogawa, 2-2-20 Komatsuminami-machi, Nishinomiya-shi, Hyogo 663 ☎ 0798-46-6266

■谷井 建三 Kenzo Tanii――――――――――P.32
住所：〒136 東京都江東区大島4-1-4-316 ☎03-681-1585
1938年，富山県魚津市生まれ。日本大学芸術学部造形学科卒。
Addr. 4-1-4-316 Oshima, Koto-Ku, Tokyo 136 ☎ 03-681-1585

■たぶき 正博 Masahiro Tabuki――――――――――P.129
住所：〒124 東京都葛飾区東堀切2-21-10-405 ☎03-690-9013
1953年，大分県生まれ。武蔵野美術大学商業デザイン専攻卒。広告代理店でデザイナーを一年半経験後，1978年，イラストレーターとして独立。1985年，カレンダー展印刷時報社賞。
Addr. 2-21-10-405 Higashihorikiri, Katsushika-Ku, Tokyo 124 ☎ 03-690-9013

■張 仁誠 Jinsei Choh――――――――――P.96～P.97
住所：〒158 東京都世田谷区奥沢2-41-2 ☎03-717-8461
1952年，長崎市生まれ。1976年，九州大学工学部建築学科卒。建築設計事務所勤務。1978年，一級建築士免許取得。フリーのSFアーチストを志し，退社。イラストをメインに，SFデザインなども手がけ，活動中。
＊未来世界の想像という精神作業が，個人レベルのシミュレーションである以上，その世界の創物主たる立場を楽しむことができる。しかし，その創作を社会的に機能させるという責任において，人類レベルの発想が不可欠だ。
Addr. 2-41-2 Okusawa, Setagaya-ku, Tokyo 158 ☎ 03-717-8461

■杖村 さえ子 Saeko Tsuemura――――――――――P.70
住所：〒160 東京都新宿区北新宿1-30-15-101 ☎03-366-2024
1957年，和歌山県生まれ。京都薬科大学製薬化学科卒業。
Addr. #101 Sun Heights Kitashinjuku, 1-30-15, Kitashinjuku, Shinjuku-ku Tokyo 160 ☎ 03-366-2024

■角田 純男 Sumio Tsunoda――――――――――P.135
住所：〒162 東京都新宿区住吉町3-8 リドー住吉505 ☎03-355-3432
1948年，東京生まれ。1968年，桑沢デザイン研究所入学。翌年末籍。
Addr. #505 Rideau Sumiyoshi, 3-8 Sumiyoshi-cho, Shinjuku-ku, Tokyo 162 ☎ 03-355-3432

■鶴田 一郎 Ichiro Tsuruta――――――――――P.97
住所：〒168 東京都杉並区浜田山1-17-15 ハイツ西永福103号 ☎03-329-3004
1954年，熊本県渡市生まれ。多摩美術大学グラフィックデザイン科卒，以後フリー。
＊リアル＋αのαを表現することができればと思っている。
Addr. #103 Heights Nishieifuku, 1-17-15 Hamadayama, Suginami-ku Tokyo 168 ☎ 03-329-3004

■鶴田 修 Osamu Tsuruta――――――――――P.152
住所：〒191 東京都日野市三沢340-5 パナサンライズ201 ☎0425-92-1432
1949年，山梨県塩山市生まれ。山梨県立日川高校卒。
Addr. #201 Pana Sunrise, 340-5 Mitsuzawa, Hino-shi, Tokyo 191 ☎ 0425-92-1432

■寺越 慶司 Keiji Terakoshi――――――――――P.150
住所：〒176 東京都練馬区中村南1-36-13 メゾン・エトワール209号 ☎03-970-7361
1950年，富山市生まれ。1970年，埼玉県立浦和高校卒後，4年間独学。1975年，美学校中西夏之素描教室，1976年，立石鉄臣細密画教室卒。以後フリー。1980年頃から，主に出版関係の諸分野にイラストを描き，現在に至る。
＊都会的な軽さに溢れる絵も良いが，熟成した味噌や良く煮込んだ煮豆の様な味の絵もあって良かろう。私の作がそうだとは言わぬが。なかなかその機会を得られぬが，野暮でも地味でも，とにかく「飽きない絵」が描きたい。
Addr. #209 Maison Etoile, 1-36-13 Nakamuraminami, Nerima-ku, Tokyo 176 ☎ 03-970-7361

■寺澤 昭 Akira Terasawa――――――――――P.19
住所：〒215 神奈川県川崎市麻生区岡上692 ☎044-987-1648（☎03-991-7240不在連絡先）
1951年，東京生まれ。工業高校卒。日本雑誌広告賞金賞。
Addr. 692 Okagami, Asao-ku Kawasaki-shi, Kanagawa 215 ☎ 044-987-1648

■寺田 敬 Takashi Terada――――――――――P.138
連絡先：〒150 東京都渋谷区宇田川町2-1 渋谷ホームズ921 プリズム ☎03-463-3086
自宅：〒241 神奈川県横浜市旭区東希望ケ丘65-8 ☎045-361-9718
1950年，横浜市生まれ。多摩美術大学油画科卒。日本デザインセンター勤務を経てフリーとなる。1981年，岡本三紀夫，黒田文隆両氏とスタジオ・プリズムを設立。現在に至る。
＊リアルな表現を主に制作していますが，イラストを仕上げる時，ただ単にディテールを描き集めるだけになりがちですが，やはり良い感じで空気感雰囲気が最終的に表現されなければと思う今日この頃です。
Addr. #921 Shibuya Homes, 2-1 Udagawa-cho, Shibuya-ku, Tokyo 150 ☎ 03-463-3086

■戸川 郁夫 Ikuo Togawa――――――――――P.122
連絡先：〒530 大阪市北区天満3-5-3 北天満ロイヤルハイツ303 ☎06-354-0628
自宅：〒537 大阪市東成区東小橋3-14-11 ☎06-981-2102
1958年，大阪市生まれ。金蘭千里高校卒。イラスト事務所勤務後1986年，スーパー・ビジュアル・オフィス・アトムを設立し，フリーとなる。
＊机の上でコツコツとリアルイラストレーションの制作をしてるうちに，人間がくらくならないように心がけています。
Addr. #303 Kitatenma Royal Heights, 3-5-3 Tenma, Kita-ku, Osaka-shi, Osaka 530 ☎ 06-354-0628

■友田 稔 Minoru Tomoda――――――――――P.101
連絡先：〒104 東京都中央区銀座8-11-9 中銀ビル ☎03-572-6884
自宅：〒160 東京都新宿区坂町7
1929年，東京生まれ。東京芸術大学油画科卒。
＊アクリルのホワイトで地形をモデリングし，斜めからエアブラシでトーンをつけます。
Addr. Nakagin Bldg., 8-11-9 Ginza, Chuo-ku, Tokyo 104 ☎ 03-572-6884

■友利 宇景 Ukei Tomori――――――――――P.100～P.101
住所：〒336 埼玉県浦和市別所2-36-5 ☎0488-62-3725
1947年，埼玉県浦和市生まれ。東京芸術大学デザイン科卒。CBS/SONY レコードへ専属イラストレーターとして入社，一年間勤務後フリーとなる。フリー後3年目に現在のパノラマイラストレーションの基礎を確立。現在に至る。
＊私の仕事は，細かな地図のデータを目に見えるように図式化，立体化してゆくもので，数字だけの情報を風景画にしてゆく作業は，本質的な意味でリアルイラストレーションと言えます。
Addr. 2-36-5 Bessho, Urawa-shi, Saitama 336 ☎ 0488-62-3725

■内藤 貞夫 Sadao Naito――――――――――P.148～P.149
住所：〒174 東京都板橋区東坂下2-10-7-B10 ☎03-965-3955
1947年，東京生まれ。東京デザイナー学院卒。朝日広告賞。産業広告賞特別賞。
Addr. #B-10, 2-10-7 Higashisakashita, Itabashi-ku, Tokyo 174 ☎ 03-965-3955

■中川 恵司 Keiji Nakagawa――――――――――P.64～P.65
連絡先：〒150 東京都渋谷区渋谷1-17-6 水野ビル603号 ☎03-407-3420
自宅：〒227 神奈川県横浜市緑区青葉台1-11-1 2-708 ☎045-981-9034
1936年，島根県浜田市生まれ。東京芸術大学美術学部工芸科 VD コース卒。印刷会社，広告代理店，プロダクションを経てフリー。

＊ある種の瞑想状態にある時，額のスクリーンに次から次へと人物の顔が出現する。実に見事な表情と構図。なんとか画面に定着させたいのだが，わが筆力はこれにはるかに及ばず，つくづく自己嫌悪に陥ってしまうのである。
Addr. #603 Mizuno Bldg., 1-17-6 Shibuya, Shibuya-ku, Tokyo 150 ☎ 03-407-3420

■中村 成二 Seiji Nakamura——P.67
連絡先：〒182 東京都国分寺市本町2-2-15-403 ☎0423-25-6627
自宅：〒187 東京都小平市上水本町1549-69 ☎0423-24-9534
1947年，熊本県人吉市生まれ。
＊虹いろの風にのって青空を飛んでいるような気分で絵が描けたらいいなと思っています。
Addr. 2-2-15-403 Honmachi, Kokubunji-shi, Tokyo 185 ☎ 0423-25-6627

■ナカムラ テルオ Teruo Nakamura——P.128～P.129
住所：〒276 千葉県八千代市八千代台西6-17-8-27-8 ☎0474-84-3100(☎0474-78-6655)
1946年，滋賀県大津市生まれ。多摩美術大学卒。日本デザインセンターを経て，現在フリー(15年程)，ユニバシアード東京大会ポスター，防火ポスター，朝日広告賞等。
＊現在，自分で画きたいモノを自由に画かせて頂いていますので(書籍カバー等が中心)，ありがたく思っております。又，その方が自分にあっているように思います。
Addr. 6-17-8-27-8 Yachiyodai Nishi, Yachiyo-shi, Chiba 276 ☎ 0474-84-3100

■西口 司郎 Shiro Nishiguchi——P.144～P.145
連絡先：〒530 大阪市北区西天満3-6-35 高橋ビル南5号館3F ㈱スプーン
☎06-365-6273
自宅：〒564 大阪府吹田市江坂町5丁目8-8-502
1948年，長崎県島原市生まれ。1966年，大阪デザイナー学院入学。1968年，広告代理店AC㈱入社。1975年，イラスト集団㈱スプーン創立に参加，現在に至る。
＊魚の表情が好きです。ウロコが好きです。光が好きです。魚を食べるのが好きです。魚の絵を描くのが好きです。結局，魚を釣るのが好きです。
Addr. ℅ Spoon Co., Ltd., 3F Minami 5-gokan Takahashi Bldg., 3-6-35 Nishitenma, Kita-ku, Osaka 530 ☎ 06-365-6273

■野上 隼夫 Hayao Nogami——P.95
住所：〒192-03 東京都八王子市中山3-18-13 ☎0426-37-7686
1931年，岡山市生まれ。茨城県日立市生まれ。岡山二高卒。日立造船㈱造船設計部を経てフリーとなる。1983年，銀座アートホールに於て個展。「野上隼夫艦船画集」出版。日展，光風会展入選。
＊この本に掲載した作品は，キャンバスに油彩とアクリルの両方で描いたものを載せています。リアルな作品にはアクリルが仕事がしやすいのですが，今後，いろいろ試して見ようと考えています。
Addr. 3-18-13 Nakayama, Hachioji-shi, Tokyo 192-03 ☎ 0426-37-7686

■野口 佐武郎 Saburo Noguchi——P.79
住所：〒158 東京都世田谷区等々力4-3-3 ☎03-704-7222
1921年，旧満州奉天生まれ。1944年，多摩美術専門学校デザイン科卒。1946年，イラストレーターとして制作活動に入る。1985年，Studio Of Illustrators 主宰。JAAA 会員。
Addr. 4-3-3 Todoroki, Setagaya-ku, Tokyo 158 ☎ 03-704-7222

■野中 昇 Noboru Nonaka——P.141
住所：〒281 千葉市畑町3103-116 ☎0472-72-7686
1948年，千葉県船橋市生まれ。日本大学芸術学部美術科卒。
Addr. 3103-116 Hata-cho, Chiba-shi, Chiba 281 ☎ 0472-72-7686

■野間 夏男 Natsuo Noma——P.139
住所：〒560 大阪府豊中市寺内1-1-38 緑地公園スカイマンション606 ☎06-864-4315
1946年，福岡県芦屋町生まれ。大阪芸術大学デザイン学科グラフィックデザイン専攻卒。大阪芸術大学講師。
Addr. #606 Ryokuchikoen Sky Mansion, 1-1-38 Terauchi, Toyonaka-shi, Osaka 560 ☎ 06-864-4315

■袴田 一夫 Kazuo Hakamada——P.120～P.121
住所：〒168 東京都杉並区上高井戸1-8-19 サンハイツ八幡山B-203 ☎03-329-2156
1955年，静岡県清水市生まれ。1978年，多摩美術大学グラフィックデザイン科卒。同年，㈱アドバタイジングファクトリー入社。1979年，同社退社後フリー。1980年，ソサエティー・オブ・イラストレーターズ国際部門金賞。
＊仕事で“リアルに”と聞くと“ヤバイ”と思ってしまいます。そのあと“袴田さんのリアルでいいんです”と言われるとホッとします。
Addr. B-203 Sun Heights Hachimanyama, 1-8-19 Kamitakaido, Suginami-ku, Tokyo 168 ☎ 03-329-2156

■萩原 良一 Ryoichi Hagiwara——P.30
連絡先：〒189 東京都東村山市本町4-17-10 ☎0423-95-5311
自宅：〒189 東京都東村山市本町3-11 ☎0423-92-2434
1957年，東京生まれ。1982年，武蔵野美術大学芸能デザイン科卒。デザイン事務所を経て，1984年にフリーとなり現在に至る。
Addr. 4-17-10 Hon-cho, Higashimurayama-shi, Tokyo 189 ☎ 0423-95-5311

■橋本 浩一 Hirokazu Hashimoto——P.103
連絡先：〒460 名古屋市中区新栄2-1-9 雲竜ビル西館903 ㈱タート ☎052-261-6772
自宅：〒459 愛知県名古屋市緑区大高町鶴田72 ☎052-621-2309
1944年，名古屋市生まれ。名古屋市立工芸高校卒。JAGDA・NY ソサエティ・オブ・イラストレーターズ会員。日経広告大賞，フジサンケイグラフィック大賞，日経産業広告銅賞，東京ADC部門賞，山手四谷通り2001年夢の想像図最優秀賞。
＊線画イラスト20年。グラフィックデザイン・CG・ホログラフィ等いろんなポジションをこなしながらのイラスト制作は，それのみに徹していた一時期より気持ちが充実して取り組む事が出来て表現にも幅が出てきたと思う。
Addr. #903 Nishi-kan Unryu Bldg., 2-1-9 Shinsakae, Naka-ku, Nagoya-shi, Aichi 460 ☎ 052-261-6772

■日暮 修一 Shuichi Higurashi——P.116
住所：〒107 東京都港区南青山4-7-17 ☎03-405-7695
1936年，千葉県松戸市生まれ。武蔵野美術学校デザイン科卒。毎日商業デザイン賞。日宣美賞。日本漫画家協会賞。
Addr. 4-7-17 Minamiaoyama, Minato-ku, Tokyo 107 ☎ 03-405-7695

■平山 晶晴 Masaharu Hirayama——P.85
連絡先：〒577 大阪府東大阪市御厨南2-38-1 近鉄八戸ノ里駅前アバンティー南館405 ☎06-783-6100
自宅：〒636-03 奈良県磯城郡川西町唐院南通り224 ☎0745-44-0403
1958年，奈良県生まれ。大阪芸術大学環境計画学科都市計画専攻卒。現代水彩画協会会員。
＊何かを感じとらなければならない，そんな堅苦しさがないアートがリアルイラスト。無理なこじつけなんかいらない。一瞬でも感動を与えられる，そんな作品を数多く描ければと考えています。
Addr. #405 Kintetsu Yaenosato Ekimae Urbanty, 2-38-1 Mikuriya Minami, Higashi-osaka-shi, Osaka 577 ☎ 06-783-6100

■福田 隆義 Takayoshi Fukuda——P.40～P.41
住所：〒150 東京都渋谷区東3-25-3 ライオンズプラザ恵比寿908 ☎03-499-2649
1943年，京都府舞鶴市生まれ。府立東舞鶴高校卒。1969年，日宣美特選。毎日広告賞特選一席。準朝日広告賞。全国カレンダー展工業技術院長賞。電通広告賞グランプリ。現代の裸婦展入選。セントラル美術館日本画大賞展入選。
Addr. #908 Lions Plaza Ebisu, 3-25-3 Higashi, Shibuya-ku, Tokyo 150 ☎ 03-499-2649

■藤居 正彦 Masahiko Fujii——P.102～P.103
住所：〒182 東京都調布市多摩川3-5-10 ☎0424-86-0253
1939年，名古屋市生まれ。1958年，名古屋市立工芸高校卒業。1981年，ワルシャワ国際ポスタービエンナーレ特別賞。1983年，ラハチ国際ポスタービエンナーレ銀賞。
＊イラストレーションにエアーブラシを取り入れて10年位になります。こういう機会を与えられて，作品をセレクトし，提出するのに自信のあるとき，ないとき，様々です。
Addr. 3-5-10 Tamagawa, Chofu-shi, Tokyo 182 ☎ 0424-86-0253

■細川 武志 Takeshi Hosokawa——P.81
住所：〒187 東京都小平市小川町1-969-18 ☎0423-43-3757
1943年，広島県呉市生まれ。呉宮原高校卒。『モーターファン』美術部を経て1971年，フリーとなる。
＊絵を描くというのは，頭の中で画いたイメージを紙などに具象化することです。描いているうちに良くなるというのはほとんどまれです。そのためにもいろんな絵を，又現物をよく見て頭にたくさんの引き出しを作らねばと思います。
Addr. 1-969-18 Ogawa-cho, Kodaira-shi, Tokyo 187 ☎ 0423-43-3757

■穂積 和夫 Kazuo Hozumi——P.33
住所：〒154 東京都世田谷区下馬2-8-4 ☎03-410-1161
1930年，東京生まれ。東北大学工学部建築学科卒。セツ・モードセミナー卒。サンケイ児童出版文化賞(『法隆寺』)。
Addr. 2-8-4 Shimouma, Setagaya-ku Tokyo 154 ☎ 03-410-1161

■本間 公俊 Kimitoshi Honma——P.25
住所：〒189 東京都東村山市萩山3-4-7 ☎0423-91-6920
1952年，北海道小樽市生まれ。1973年よりイラストレーターとしての活動を始め現在に至る。「テーマで揺るぐことのない確かな自律的心情と技術につらぬかれた作品は，雑誌，書籍，広告等幅広い媒体の中で極めて高い評価を得ている。」
＊銀の滴降る降るまわりに，金の滴降る降るまわりに…(アイヌ神謡)。日常に隠され忘れられた感動，横顔の人。眼に優しく手に馴染むもの，揺れる風。想いの中のリアリティー。目覚めた時がいつも朝。
Addr. 3-4-7 Hagiyama, Higashimurayama-shi, Tokyo 189 ☎ 0423-91-6920

■又場 修 Osamu Mataba——P.47
住所：〒272 千葉県市川市曽谷8-4-18 ☎0473-71-2839
1949年，北海道帯広市生まれ。日本大学芸術学部絵画科卒。日本デザインセンターを経てフリー。
Addr. 8-4-18 Soya, Ichikawa-shi, Chiba 272 ☎ 0473-71-2839

■松井 伸佳 Nobuyoshi Matsui——P.124
住所：〒177 東京都練馬区石神井町2-14-31 鴨下ビル202 ☎03-997-5753
1956年，埼玉県行田市生まれ。1977年，武蔵野美術短期大学商業デザイン科卒。同年，小島良平デザイン事務所勤務。1980年より，フリーランス。
＊仕事は幅広く，早いというのが特技。いつも楽しく，初心でというのが信条。朝9時から夜中過ぎまでというのが毎日。そして，メガネをかけて，明るいのが私。
Addr. #202 Kamoshita Bldg., 2-14-31 Shakujii-cho, Nerima-ku, Tokyo 177 ☎ 03-997-5753

■松永 順 Jun Matsunaga——P.130
連絡先：〒540 大阪市東区釣鐘町1-18 大手前ヒルズ608 ALIEN ☎06-944-0815
自宅：〒592 大阪府高石市綾園6-15-11 ☎0722-61-2410
1956年，大阪府高石市生まれ。大阪芸術大学デザイン科卒。
Addr. #608 Otemae Hills, 1-18 Tsurigane-cho, Higashi-ku, Osaka 540 ☎ 06-944-0815

■松本 秀実 Hidemi Matsumoto——P.80
住所：〒254 神奈川県平塚市唐ケ原123-2 ☎0463-61-5013

静岡県浜松市生まれ。京都府立東舞鶴高等学校卒。
Addr. 123-2 Togahara, Hiratsuka-shi, Kanagawa 254 ☎ 0463-61-5013

■溝川 秀男 Hideo Mizokawa —— P.84〜P.85
連絡先：〒540 大阪府東区釣鐘町1-18 大手前ヒルズ608 ALIEN ☎06-944-0815
自宅：〒546 大阪市東住吉区今川4-21-10 ハイツ幸203 ☎06-797-4665
1957年，岡山県高梁市生まれ。なんばデザイナー学院卒。
＊レーシングカーのメカニカルな部分と美しい車体の両面を，いかに見せるかを大事に描きました。ただ資料不足で想像の部分の多い事が残念です。
Addr. #608 Otemae Hills, 1-18 Tsurigane-cho, Higashi-ku Osaka 540 ☎ 06-944-0815

■宮本 勝 Masaru Miyamoto —— P.74
連絡先：〒532 大阪市淀川区西中島2-11-24 大倉マンション401 ☎06-303-4226
自宅：〒560 大阪府豊中市東豊中5-2-140-301 ☎06-848-9136
1943年，大阪生まれ。大阪デザイナー学院卒。
Addr. #401 Okura Mansion, 2-11-24 Nishinakajima, Yodogawa-ku, Osaka 532 ☎ 06-303-4226

■村上 基浩 Motohiro Murakami —— P.28〜P.29
連絡先：〒540 大阪市東区石町2-28-1 都住創石町202 ☎06-941-7503
1957年，大阪生まれ。1976年，大阪市立工芸高校卒。1982年，スプーン入社。
＊絵に空気を感じさせたいと，いつも思っています。
Addr. #202 Tojyuso Kokumachi, 2-28-1 Koku-machi, Higashi-ku Osaka 540 ☎ 06-941-7503

■村松 誠 Makoto Muramatsu —— P.118
連絡先：〒103 東京都中央区銀座3-13-11 アシザワビル2F㈱アドバタイジング・ファクトリー ☎03-546-7921・7922
自宅：〒108 東京都港区白金台3-7-7-210 ☎03-442-9139
1947年，静岡県藤枝市生まれ。1972年頃よりイラストレーターとして制作活動。絵本『動物ふぁんたーじあ』(グラフィック社)。
Addr. Advertising Factory Inc., 2F Ashizawa Bldg., 3-13-11 Ginza, Chuo-ku, Tokyo 103 ☎ 03-546-7921・7922

■村山 潤一 Jun'ichi Murayama —— P.68
住所：〒108 東京都港区白金台2-9-15-405 ☎03-440-0753
1954年，北海道生まれ。1976年，東洋美術学校グラフィックデザイン科卒。以後フリー。
Addr. 2-9-15-405 Shiroganedai, Minato-ku Tokyo 108 ☎ 03-440-0753

■毛利 彰 Akira Mouri —— P.46〜P.47
住所：〒171 東京都豊島区長崎5-1 豊島ハイツ813 ☎03-957-8579
1935年，鳥取市生まれ。鳥取西高校卒。1962〜71年，伊勢丹でファッションイラストレーション担当。1971年以後フリーランス。1961年，日宣美特選。1963年，ADC 銀賞。
Addr. #813 Toshima Heights, 5-1 Nagasaki, Toshima-ku, Tokyo 171 ☎ 03-957-8579

■森 貞人 Sadahito Mori —— P.111
住所：〒457 愛知県名古屋市南区若草町55-3 ☎052-823-2909
1950年，名古屋市生まれ。東邦学園短期大学商業デザインコース卒。
＊現在，ハートをテーマにしたイラストレーションを制作中です。いろんなモノをハート形にすることで，また，ちがった意味が生まれます。
Addr. 55-3 Wakakusa-cho, Minami-ku, Nagoya-shi, Aichi 457 ☎ 052-823-2909

■森上 義孝 Yoshitaka Moriue —— P.144
連絡先：〒153 東京都目黒区大橋2-4-18 ゾンネンハイム508 ☎03-468-9379
自宅：〒253 神奈川県茅ヶ崎市香川1236 ☎0467-53-2694
1942年，東京生まれ。1965年，多摩美術大学卒。在日米生物研究所イラストレーション室勤務。1969年，フリーとなる。朝日広告賞，全国カレンダー展通産大臣賞等。
＊都市化が進む町の片隅にほんの少し残された自然（緑）を見た時ホッとする事がある。そんな所に生き物が棲息しているのを見つける事もある。なぜか怯えた表情に見える。揚々たる生き物のイラストを描きたいのだが……。
Addr. #508 Zonnen Heim, 2-4-18 Ohashi, Meguro-ku, Tokyo 153 ☎ 03-468-9379

■門馬 朝久 Tomohisa Monma —— P.109
住所：〒275 千葉県習志野市新栄1-12 サニーハイツ2-308 ☎0474-78-6902
1952年，北海道赤平市生まれ。東洋美術学校卒。
Addr. #2-308 Sunny Heights, 1-12 Shinei, Narashino-shi, Chiba 275 ☎ 0474-78-6902

■安田 忠幸 Tadayuki Yasuda —— P.27
住所：〒154 東京都世田谷区三宿1-19-17 メゾン三宿2H ☎03-487-3381
1956年，北海道函館市生まれ。
Addr. 2H Maison Mishuku, 1-19-17 Mishuku, Setagaya-ku, Tokyo 154 ☎03-487-3381

■矢田 明 Akira Yata —— P.115
住所：〒160 東京都新宿区西新宿4-31-3-705 ☎03-377-3052
1954年，大阪生まれ。1975年，大阪デザイナー学院卒。1980年，イラスト集団スプーン入社。1985年，上京し，現在フリー。
Addr. 4-31-3-705 Nishishinjuku, Shinjuku-ku Tokyo 160 ☎ 03-377-3052

■K. G. ヤナセ K. G. Yanase —— P.23
住所：〒299-02 千葉県君津郡袖ケ浦町坂戸市場1554 ☎0438-62-3271
1953年，千葉県生まれ。
Addr. 1554 Sakadoichiba, Sodegaura-machi, Kimits-gun, Chiba299-02 ☎ 0438-62-3271

■矢野 富士嶺 Fujine Yano —— P.106〜P.107
連絡先：〒253 神奈川県茅ヶ崎市東海岸北3-7-20 ☎0467-83-2259
自宅：〒253 神奈川県茅ヶ崎市小和田3-9-62 ☎0467-51-7922
1940年，東京生まれ。京北学園高校卒。『モーターファン』誌勤務の後1961年からフリー。
Addr. 3-7-20 Higashikaigan Kita, Chigasaki-shi, Kanagawa 253 ☎ 0467-83-2259

■山口 はるみ Harumi Yamaguchi —— P.60〜P.61
住所：〒150 東京都渋谷区渋谷1-20-17-302 ☎03-499-5225
島根県松江市生まれ。東京芸術大学美術学部油画科卒。西武百貨店宣伝部などを経て現在フリーランス。
Addr. 1-20-17-302 Shibuya, Shibuya-ku, Tokyo 150 ☎ 03-499-5225

■山崎 隆史 Takashi Yamazaki —— P.114
連絡先：〒540 大阪市東区釣鐘町1-18 大手前ヒルズ 608エイリアン ☎06-942-5305
自宅：〒536 大阪市城東区鴫野西2-12-18 ☎06-963-0239
1957年，大阪府東大阪市生まれ。大阪芸術大学金工科卒。1982年，第1回国際SFアート大賞シルバー賞。1982年，フリーとなる。1983年，斉藤寿，斉藤信，両氏に師事。1986年，エイリアン加入。
＊ごめんなさい，リンゴに手足なんかつけたりして，今回かぎりでもうしません。信じて下さい。これからはメカに骨格をつけようと思ってますので，「まぁ〜だ，こんなことやってんのか!!」と叱らないで下さい。
Addr. #608 Otemae Hills, 1-18 Tsurigane-cho, Higashi-ku, Osaka-shi, Osaka 540 ☎ 06-942-5305

■山崎 正夫 Masao Yamazaki —— P.24〜P.25
住所：〒177 東京都練馬区関町北3-11-6 ☎03-594-1222
1942年，群馬県太田市生まれ。1966年，東京芸術大学卒。
Addr. 3-11-6 Sekimachi Kita, Nerima-ku, Tokyo 177 ☎ 03-594-1222

■山下 秀男 Hideo Yamashita —— P.75
連絡先：〒107 東京都港区南青山4-21-5 シャトー青山（第2）305 ☎03-405-8036
1947年，福岡県八女市生まれ。1965年，太宰高校産業デザイン科卒。1965〜70年，田中一光氏に師事。1970年からフリー。1975年，山下デザイン事務所を主宰。東京デザイナーズスペース会員。日本グラフィックデザイナー協会会員。
Addr. #305 the 2nd Chateau Aoyama, 4-21-5 Minamiaoyama, Minato-ku, Tokyo 107 ☎ 03-405-8036

■山下 芳郎 Yoshiro Yamashita —— P.132
連絡先：〒105 東京都港区西新橋3-25-7 山下イラスト・スタジオ ☎03-431-6418
自宅：〒143 東京都大田区大森北4-20-8 ☎03-761-1966
1931年，東京生まれ。日本大学芸術学部卒。1960年，日本デザインセンター設立に参画。イラスト部長。1967年，同退社。1968年から日大芸術学部講師。現在フリーのイラストレーター。朝日広告賞部門賞他多数。JAGDA 会員。
＊老眼の度が進んで来たのでそれに対応出来るイラストをと試行錯誤している。表現スタイルに安住したくない方なので新しい工夫が見つかればそれで嬉しいのだが，それをすぐまた毀して何か始める事だろう。やれやれ。
Addr. 3-25-7 Nishishinbashi, Minato-ku, Tokyo 105 ☎ 03-431-6418

■山田 善則 Yoshinori Yamada —— P.151
住所：〒150 東京都渋谷区恵比寿西2-20-8 パーフェクトルーム604 ハートビート・スタジオ ☎03-461-7167
1951年，北海道夕張市生まれ。阿佐ケ谷美術学園 VD 科卒。
Addr. #604 Perfect Room, 2-20-8 Ebisu Nishi, Shibuya-ku, Tokyo 150 ☎ 03-461-7167

■横山 明 Akira Yokoyama —— P.36〜P.37
連絡先：〒107 東京都港区南青山6-1-32 南青ハイツ601 ☎03-499-5185
自宅：〒107 東京都港区南青山2-7-19 南青山パークハイツ402 ☎03-402-1264
1938年，岡山県生まれ。慶応義塾大学仏文科卒。アート・センタースクール（現 ART CENTER SCHOOL OF DESIGN）修了。1967年，日宣美特選。同年フリーとなる。1982年，岡山市で初の個展「横山明の世界」。
Addr. #601 Nansei Heights, 6-1-32 Minami Aoyama, Minato-ku, Tokyo 107 ☎ 03-499-5185

■吉岡 和洋 Kazuhiro Yoshioka —— P.71
連絡先：〒150 東京都渋谷区宇田川町2-1 渋谷ホームズ317号 ☎03-496-4905
自宅：〒166 東京都杉並区阿佐ケ谷北4-24-3-301 ☎03-338-7401
1947年，高知県生まれ。多摩美術大学デザイン科卒。フリーランス。
Addr. #317 Shibuya Homes, 2-1 Udagawa-cho, Shibuya-ku, Tokyo 150 ☎ 03-496-4905

■米島 義明 Yoshiaki Yoneshima —— P.49
連絡先：〒150 東京都渋谷区神宮前2-34-20 シャーレー原宿802 ☎03-475-4719
自宅：〒105 東京都港区浜松町1-5-10 ニチメン浜松町シティハイツ503号 ☎03-438-3091
1955年，富山市生まれ。東京デザインアカデミー卒。㈱エアーブラッシュ・アートにてエアーブラシ技術を習得。1984年よりフリー。
＊「チアガール」についてはすべて想像で描き上げたイラストです。
Addr. #802 Shale Harajuku, 2-34-20 Jingumae, Shibuya-ku, Tokyo 150 ☎ 03-475-4719

■米津 景太 Keita Yonezu —— P.148〜P.149
連絡先：〒540 大阪市東区島町2-35-1 サンハイム天満橋204 ☎06-943-6636
自宅：〒612 京都市伏見区納所町202 ☎075-631-2349・6945
1943年，京都生まれ。京都美術工芸学校彫刻科中退。第29回電通広告賞他。
Addr. #204 Sun Heim Tenmabashi, 2-35-1 Shima-machi, Higashi-ku, Osaka-shi, Osaka 540 ☎ 06-943-6636

Realistic Illustrations in Japan 2
ザ・リアル・イラストレーション 2

1987年3月25日———初版第1刷発行

定　価———3,800円
編　集———グラフィック社編集部
発行者———久世利郎
印刷所———錦明印刷株式会社
製本所———錦明印刷株式会社
写　植———三和写真工芸株式会社
発行所———株式会社 グラフィック社
〒102 東京都千代田区九段北1-9-12
電話03(263)4318 振替・東京3-114345

Cover illustration ————小玉英章 Hideaki Kodama
Layout and Design ————西山直樹 Naoki Nishiyama
小島　光 Hikaru Kojima
Editing and book conception ——奥田政喜 Seiki Okuda

●

編集協力：オフサイド

落丁・乱丁はお取り替え致します。
ISBN4-7661-0410-2 C3071 ¥3800E